AF451708

LA COMTESSE TRESZKA

COMÉDIE EN CINQ ACTES ET DEUX TABLEAUX

Représentée sur le THÉATRE-FRANÇAIS de Rouen,

sous la direction de M. VALÉRY HENRION, le 14 octobre 1899.

IMPRIMERIE CHAIX, RUE BERGÈRE, 20, PARIS. — 23316-11-99. — (Encre Lorilleux.

LA
COMTESSE TRESZKA

COMÉDIE EN CINQ ACTES ET DEUX TABLEAUX

PAR

FRÉDÉRIC DE BONNIN

(VICOMTE DE BEAUMONT)

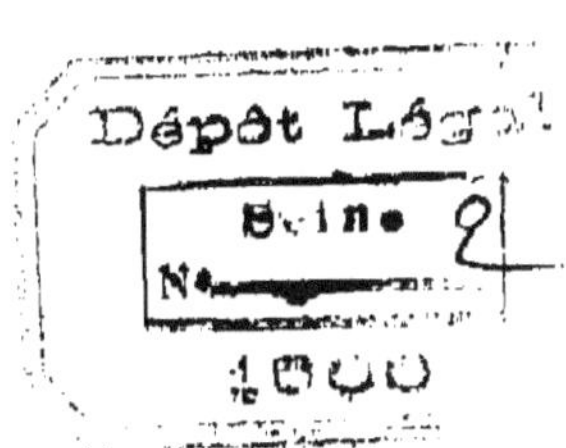

PARIS

IMPRIMERIE ET LIBRAIRIE CENTRALES DES CHEMINS DE FER

IMPRIMERIE CHAIX

SOCIÉTÉ ANONYME AU CAPITAL DE TROIS MILLIONS

Rue Bergère, 20

1899

PERSONNAGES

LE COMTE ANDOR FERVAR, vieillard . . .   MM. B. Raymond.
LE COMTE MIKLOS FERVAR, 25 ans . . .   Ed. Cassin.
LE COMTE BOLDI STARAŸ. . . . .   Perriny.
LE BARON MANO DITRIK, 50 ans, ...   Gentil.
LE COMTE IVAN ATTHORY. . . . . . .   Bardès.
LE CHAPELAIN. . . . .   L. Henry.
KOSMA, garde chez le comte Atthory . . . . .   L. Chatelain.
1er Officier de hussards . . . .
2e Officier de hussards. . . . .
Un Magnat. . . . .
Un Heiduque . . . .
Un chef de Tziganes. . . . .

LA COMTESSE TRESZKA STARAŸ, née
  Fervar, 34 ans. . . . .   Mmes J. Brindeau.
ETELKA, sa fille, 17 ans. . . . .   E. Meuris.
LA COMTESSE ILONA ATTHORY, née Fer-
  var, 26 ans. . . . .   A. Dupuy.
LA COMTESSE DOUAIRIÈRE KATALIN
  STARAŸ . . . .   J. Dufrène.
MARINKA, amie d'Etelka . . . .   M. Bervall.
LENKA, femme de chambre de la comtesse Ilona   B. Berthall.
ANNA, mère de Kosma. . . . .   M. Plet.

Tziganes, Invités, Magnats, Officiers, Heiduques
et autres serviteurs. Invitées en domino.

La scène se passe de nos jours au nord de la Hongrie,
dans le château de Fervar et dans celui de Staraÿ.

———

LA COMTESSE TRESZKA

ACTE PREMIER

Grande salle au château de Fervar, donnant par plusieurs portes vitrées au fond sur une galerie dont les fenêtres laissent apercevoir des arbres. Aux murs, portraits d'ancêtres. Grand piano à queue dans un coin à droite.

SCÈNE PREMIÈRE

LA COMTESSE TRESZKA STARAŸ, en amazone, peignant devant un chevalet vers le fond, à gauche. A une certaine distance, tout à fait au fond, dans l'encadrement d'une des portes donnant sur la galerie : DES TZIGANES, hommes et femmes, groupés devant elle, quelques HEIDUQUES en surveillance. A droite, au premier plan, ETELKA STARAŸ également en amazone, et le BARON DITRIK, en tenue de chasse à courre.

LE BARON DITRIK, à Etelka.

Alors, à peine descendue de cheval, tu penses à de nouvelles équipées? Ta mère, dis-tu, consentirait à se mettre avec toi sous ma protection pour aller jusqu'à Kassa, par monts et forêts, porter nos hommages aux pieds de sainte Elisabeth?

ETELKA.

Maman assure que vous êtes un grand fou — mais si loyal et si bon, — et que vous veillerez sur nous comme sur vos propres enfants.

LE BARON DITRIK, un peu piqué.

Alors, moi, tout de suite un père... un grand-père.... Excusez du peu... Je n'avais pas d'aussi vénérables prétentions...

ETELKA, songeuse.

Croyez-vous que si mon père s'occupait plus d'elle, ma mère aurait autant d'affection pour moi?

LE BARON DITRIK.

Quelle question! J'imagine qu'il s'écoulera du temps avant que tu ne la résolves.

SCÈNE II

Les Mêmes, LE COMTE ANDOR FERVAR, très vieux et cassé, marchant avec peine, soutenu par la COMTESSE DOUAIRIÈRE KATALIN STARAŸ et par le CHAPELAIN, et suivi de deux heiduques, se laisse tomber sur le fauteuil que lui avancent Etelka et le baron Ditrik.

LE COMTE ANDOR.

Merci, ma chère comtesse Katalin! Pardon, monsieur

l'Abbé ! (S'adressant d'un air mécontent, tempéré par une grande bonté à la comtesse Treszka qui s'est levée aussitôt pour venir à lui.) Ah ! ma chère Treszka, voilà bien de vos coups de tête ! Quitter les lévriers en pleine chasse pour cerner une bande de tziganes et les amener de force à Fervar, — pis encore, en faire entrer jusque dans le château !

LA COMTESSE TRESZKA.

Excusez-moi, comte Andor ! J'aurais dû penser que leur vacarme vous troublerait.

ETELKA.

Oh ! grand-oncle, ma mère appelle cela du vacarme pour vous plaire, car elle était en extase devant leurs danses et leurs chants. Ma foi, quoique je ne sois pas une grande artiste comme elle, je les trouve très beaux dans leur étrangeté...

LE COMTE ANDOR, souriant péniblement.

Là, là ! que d'enthousiasme, mes filles ! Beaux ou non, j'avoue n'avoir aucune confiance dans ces sauvages. Aussi, faites-moi le plaisir de les renvoyer avant qu'ils n'aient fait quelque mauvais coup.

LA COMTESSE TRESZKA.

Je regrette, mon oncle, de vous avoir contraint à nous blâmer. (A l'un des heiduques surveillants.) Reconduisez vite ces gens, et que tous les autres se disposent à partir ! (Aux tziganes.) Mes amis, rattelez vos chariots, que l'on emplira pour vous de provisions. Vous êtes libres. Envolez-vous de nouveau, les *errants*, vers vos retraites inconnues !

Elle jette une bourse au chef.

LE CHEF DES TZIGANES.

La comtesse Staraÿ soit bénie avec tous les siens.

Cris de : El jen.

LA COMTESSE TRESZKA, au baron Ditrik.

Mon cher baron, puisque vous êtes notre seul protecteur en ce moment, veillez donc, je vous prie, à ce que tout se passe en ordre.

LE BARON DITRIK.

J'allais m'offrir à cette mission de haute confiance.

Il sort avec les heiduques et les tziganes.

SCÈNE III

LES MÊMES, moins LES TZIGANES et LE BARON DITRIK.

LA COMTESSE TRESZKA, au comte Andor.

Eh bien ? vous avez entendu les remerciements de ces *sauvages?* Ils se civilisent assez volontiers.

LE COMTE ANDOR.

En admettant que la reconnaissance soit une vertu de civilisés.

LA COMTESSE KATALIN.

Enfin, mon cher ami, vous allez être en repos.

ACTE PREMIER.

LE COMTE ANDOR.

Le repos... Oui, en effet, il ne tardera pas...

ETELKA.

Grand-oncle, n'êtes-vous pas bien aujourd'hui?

LE COMTE ANDOR.

Je me sens assez faible.

ETELKA.

Vous avez pourtant une mine charmante.

LE COMTE ANDOR.

Petite flatteuse !... Écoutez : Autrefois le fameux duc de Richelieu, le vainqueur de Port-Mahon, était fort malade. A son chevet, sa belle-fille lui dit à peu près de même : « Mon oncle, vous avez jolie figure! » Il répondit : « C'est que vous me prenez pour votre miroir! » Une heure après, il rendait l'âme.

LA COMTESSE TRESZKA, vivement.

Il comptait alors vingt ans de plus que vous, et ses traits flétris par le libertinage ne devaient avoir rien de commun avec la sérénité des vôtres.

LE COMTE ANDOR, souriant.

Oui, l'on était sensible à la vertu, de mon temps, et la disgrâce où nous étions nous forçait à mériter les sympathies par le respect de nous-mêmes. Pour moi, j'étais à l'école de madame la Dauphine. « Tant que votre patrie sera malheureuse », me répétait cette chère princesse à Goeritz, « ne pensez qu'à travailler pour elle comme si vous aviez à gagner le pain de votre mère. »

LA COMTESSE KATALIN.

Ce n'est plus auprès d'aussi grandes dames que nos jeunes gens vont chercher des leçons.

LE COMTE ANDOR.

Ils ont la vie trop facile. Nous, les vieux, nous **avions** versé notre sang pour leur avenir.

ETELKA.

Vos blessures ?

LE COMTE ANDOR.

Elles font des leurs, depuis quelque temps... Bah ! elles m'avancent de si peu pour aller retrouver les fils que Dieu m'a pris...

LA COMTESSE KATALIN.

Mon pauvre comte !

LA COMTESSE TRESZKA.

Mon cher oncle, mon père...

LE COMTE ANDOR.

Je sais que vous m'aimez... Je ne veux pas vous attrister, ma chère Treszka, mais je dois vous parler sérieusement. Il faut vous instruire de mes dernières volontés... Hélas il n'y aura bientôt plus de comtes Fervar que par substitution...

LA COMTESSE TRESZKA.

Votre neveu Miklos...

LE COMTE ANDOR, avec irritation.

Qu'on ne me parle pas de celui-là, le digne fils de mon misérable frère qui fut la honte de otre famille! Je compte bien que la Providence ne permettra pas à ce louveteau chassant de race, d'avoir jamais des descendants de son nom!

ÉTELKA, avec chagrin.

Quoi, Miklos?..

LA COMTESSE TRESZKA.

Il peut racheter toutes ces fautes là...

LE COMTE ANDOR.

Ce ne sera pas avec mon bien, qui vous appartiendra. (S'adressant à la comtesse Katalin.) Nous allons nous quitter, ma vieille amie. Je ne vous ai pas oubliée. Vous pourrez conti-nuer de résider dans le château de Staraÿ, dont vous portez le nom.

LA COMTESSE KATALIN, s'essuyant les yeux.

J'aurai bientôt fait, je l'espère, de le transmettre à mon fils...

LE COMTE ANDOR, sèchement.

Oh! je vous prie, ne vous occupez que de vous. Ce splen-dide apanage que le comte Boldi Staraÿ avait trouvé le moyen de laisser dévorer, je ne l'ai pas racheté pour qu'il le jette encore une fois en pâture à ses créanciers. C'est à sa femme, à ma nièce Treszka, que je lègue après vous le château de Staraÿ.

LA COMTESSE KATALIN.

Comte Andor! Mon fils, il est vrai, fut malheureux en affaires. Mais une fois n'est pas coutume... (Le comte Andor fait un geste d'impatience. La comtesse se hâte d'ajouter.) Au reste, vous êtes bien libre, mon cher comte, d'agir à votre volonté...

LE COMTE ANDOR.

A celle de Dieu, je l'espère, ce que vous voudrez bien approuver !

La comtesse Katalin s'incline assez froidement et se retire.

SCÈNE IV

Les Mêmes, moins LA COMTESSE KATALIN.

LE COMTE ANDOR, après avoir salué la comtesse Katalin courtoisement de la main, prend la main d'Etelka et l'embrasse au front tandis qu'elle s'agenouille devant lui.

A présent, occupons-nous de notre Etelka. Fervar est à elle, je le lui donne. Chère, chère petite, que nous avons tous si raison de gâter, c'est sur toi que repose l'espoir de notre maison. Vois dans quel désert nous vivons ! L'on est réduit à chercher partout de faux Magyars, pour continuer hypocritement notre race... ou plutôt notre nation. Que vaudra-t-elle bientôt ? Marie-toi vite, Etelka. Donne à la Hongrie de vrais enfants. Mais choisis avec soin celui qui sera le maître de ta vie ! L'avenir se dévoile à qui va quitter le temps... Je vois d'ici le félon qui viendra rôder autour de toi...

ETELKA, pleurant.

Ne nous abandonnez pas, grand-oncle ! Soyez-là pour me conseiller...

LA COMTESSE TRESZKA.

Puisque vous nous forcez à vous suivre en de tristes

prévisions, pourquoi nous tant favoriser en oubliant ma sœur?

LE COMTE ANDOR, amèrement.

Votre sœur, madame la comtesse Ilona Atthory? Je lui laisse juste assez pour ne pas déchoir de son rang, quand elle sera veuve d'un mari qu'elle a ruiné par ses goûts de luxe, torturé par ses coquetteries, qu'elle a...

LA COMTESSE TRESZKA.

De grâce! La voici...

SCÈNE V

LES MÊMES, LA COMTESSE ILONA, qui écoutait, dissimulée contre une des portes-fenêtres de la galerie s'est avancée dans le hall.

LA COMTESSE ILONA.

Je ne veux pas troubler votre entretien avec vos nièces bien-aimées, mon cher oncle...

LE COMTE ANDOR, qui s'est dressé sur son fauteuil.

C'est vous? Je vous croyais déjà loin.

LA COMTESSE ILONA.

Je ne serais pas partie sans prendre une dernière fois de vos nouvelles... Votre santé, comte Andor, est mon grand souci..., avec celle de mon cher Ivan.

LE COMTE ANDOR, ironique.

Oui-da! Ce sont là vos seules préoccupations? Pour ce qui

1.

me concerne, vous perdez votre temps, ma tendre nièce.

LA COMTESSE ILONA.

Vous ne me traitez pas avec ménagement, mon oncle...

LE COMTE ANDOR.

Je n'ai jamais trompé personne, et l'on ne me trompe
plus... Les vieillards, comme les enfants, semblent étrangers
à ce qui se passe autour d'eux. Cependant il n'est pas plus
prudent de se fier à des regards éteints qu'à des yeux étour-
dis. Les uns et les autres voient mieux qu'on ne pense.

LA COMTESSE ILONA, avec hauteur.

A tout le moins, n'ai-je pas d'enfants pour épier leur
mère, monsieur le comte!

LE COMTE ANDOR.

Heureusement... Aussi ne m'est-il pas commandé de
prendre grand intérêt à votre foyer.

LA COMTESSE ILONA, sèchement.

Le comte Atthory ressentira comme il le doit, l'accueil fait
à sa femme...

LE COMTE ANDOR.

Si j'étais en passe de fournir des explications à ce pauvre
Ivan, peut-être auriez-vous mieux fait de vous taire.

LA COMTESSE TRESZKA.

Ilona?... Mon oncle!

LE COMTE ANDOR.

Assez! (Au chapelain.) M. l'abbé, excusez-moi de vous rendre
le témoin de nos scènes de famille...

LE CHAPELAIN.

Monsieur le comte, faites-moi l'honneur de croire que nul
plus que moi ne s'intéresse à ce qui touche tous les vôtres...

LE COMTE ANDOR.

J'ai hâte cependant de m'adresser au chapelain et de le
prier de m'entendre au tribunal de Dieu.

LE CHAPELAIN.

A vos ordres! Pourtant rien ne presse!...

LE COMTE ANDOR.

L'heure est venue de me souvenir des paroles dites par un
généreux Anglais,—on en rencontrait de la sorte, en ce temps,—
à son lit de mort: « Ce que j'ai dépensé pour moi est perdu.
Ce qui me reste, je le laisse ici-bas. Mais ce que j'ai donné,
je le retrouverai là-haut! » Qu'il en soit de même à mon
égard! (Faisant signe à ses heiduques.) Invitez tous les serviteurs
et les tenanciers de Fervar à se rassembler dans la chapelle.
Ils voudront bien y prier pour la bonne fin d'un vieux
patriote qui fut juste et bon à leur égard.

LA COMTESSE TRESZKA.

Faites-vous porter jusque-là, mon oncle!

LE COMTE ANDOR.

Je veux aller debout rendre ma dernière visite au Seigneur.

Le comte Andor, après avoir salué de la main, se retire péniblement, soutenu par le
chapelain et par un heiduque. Etelka le suit. La comtesse Treszka sort par une autre
porte.

SCÈNE VI

LA COMTESSE ILONA. Au moment où elle s'apprête à sortir à son tour, sa suivante LENKA, paraissant par une porte basse percée dans la boiserie, lui fait signe de s'arrêter.

LENKA.

Madame, le comte Miklos est là.

LA COMTESSE ILONA.

Quelle folie!

LENKA, riant.

Pas de crainte! Madame aurait peine elle-même à le reconnaître.

Elle appelle de la main vers l'autre côté de la porte par laquelle elle est entrée.

SCÈNE VII

LES MÊMES, LE COMTE MIKLOS, déguisé en tzigane.

LA COMTESSE ILONA, après avoir hésité un instant se met à rire aussi.
Comment, c'est toi, Miklos?

Elle court à lui et l'embrasse.

LE COMTE MIKLOS, se dégageant.

Trêve aux embrassades! Les femmes sont agaçantes à n'être jamais sérieuses... On peut nous voir... tu vas me trahir...

LA COMTESSE ILONA.

Nous trahir, veux-tu dire... Oui, tu as raison... Mais la surprise... ton costume... un vrai tzigane des pieds à la tête! Vous n'avez jamais été si beau, mon cousin!

LE COMTE MIKLOS.

Crois-tu que je sois en veine d'entendre des compliments — quand j'en suis réduit à cette mascarade pour pénétrer dans notre demeure?

LA COMTESSE ILONA.

Notre demeure? Ah! l'expression est heureuse. Tu es loin de compte.

LE COMTE MIKLOS.

Bah! Avec son orgueil de race et sa piété, le comte Andor doit se rendre à la voix de son sang ou bien à celle de son Dieu...

LA COMTESSE ILONA.

Son Dieu... est en train de l'appeler à lui...

LE COMTE MIKLOS.

Vraiment! Le vieux comte est sur ses fins?

LA COMTESSE ILONA.

Condamné par les médecins, comme nous, d'ailleurs, par lui, si j'en crois ce que j'ai surpris tout à l'heure.

LE COMTE MIKLOS.

Alors, grand départ des *espérances*, et pour de bon, salut à la misère! Je sens que je vais m'attacher sérieusement à mes créanciers... n'ayant plus de chance d'en trouver d'autres!

LA COMTESSE ILONA.

Le testament est fait : pour toi, rien ; pour moi, une aumône. (Ici l'on voit les tenanciers et les serviteurs s'avancer dans la galerie latérale, se rendant à la chapelle, et l'on entend le glas d'une cloche.) Sauve-toi ! Lenka se chargera de nous arranger tantôt un rendez-vous plus sûr et plus long.

Tandis que Lenka entraîne le comte Miklos par la porte basse, la comtesse Ilona s'en va par la droite.

SCÈNE VIII

LE COMTE MIKLOS, reparaissant par la porte basse et se dissimulant derrière les draperies tandis que le défilé continue dans la galerie à côté.

LE COMTE MIKLOS.

Moi, seul restant du nom de Fervar, dépouillé, mendiant !... et je ne pourrais pas !... (Personne ne passe plus dans la galerie. Miklos s'avance.) Tout le monde à la chapelle, tout le monde ! Ah ! si l'on osait... (Il désigne l'appartement du vieux comte.) Je connais les manies de mon oncle... le testament est là... Non ! Le chercher, s'en emparer si vite... absurde ! Et puis, que le comte Andor vive encore un jour, il en récrirait un pareil... C'est à devenir fou ! Ah ! si je pouvais obtenir du diable que les murs s'effondrent sur ce damné vieillard ! Un accident... un tison qui roule sur un tapis, le feu ! Ah, le feu, pourquoi pas ? Le vois-tu, comte Andor, ton château vomissant la fumée, couronné d'une gerbe de flammes ? Ta maigre vie ne tient plus à rien... l'épouvante te saisit... l'horreur t'achève... (Saluant du chapeau.) Le comte Andor Fervar est mort ! Le comte Miklos Fervar est riche ! Pour rebâtir mon château, qu'importe la dépense, je suis riche ! (Niant durement.) Oui, mais pareille chance arrive-t-elle à point nommé ? (Ironiquement.) Jusqu'ici, mon cher, il n'y a que ton imagination qui flambe... (Après une hésitation, prenant son parti.) Eh bien, l'invraisemblable peut devenir vrai. Il y a des secondes qui valent toute une existence... Suis-je un imbécile, un poltron, pas de taille à me décider ? Fini de moi si j'hésite... et finis avec moi les Fervar ! Finis leur splendeur et leur rôle ! Cela ne doit pas être ! à tout prix ! Qui pourrait-on accuser en fin de compte ?... Eh, les tziganes, donc ! Ils ont bon dos ! (Regardant ses vêtements et ricanant de nouveau.) On ne se tromperait qu'à demi... (Ironique.) Un peu... romanesque, aujourd'hui, le comte Miklos... demain plus homme du monde que jamais... Allons-y ! Bonne chance !

Il s'élance vers l'appartement du comte, ouvre la porte et disparaît.

SCÈNE IX

LA COMTESSE TRESZKA, ayant changé de costume et se dirigeant vers la chapelle, un livre de messe à la main. Puis **KOSMA**, en tenue de paysan magyar, un couteau de chasse dans la ceinture.

LA COMTESSE TRESZKA.

Notre oncle... si bon d'habitude... Nous saurons dédommager ma sœur...

A ce moment, l'homme paraît au seuil de la galerie et vient, en mettant un genou à terre, embrasser le bas de la robe de la comtesse.

LA COMTESSE TRESZKA se reculant un peu.

Qui êtes-vous, mon ami?

KOSMA, se relevant.

J'ai nom Kosma... Un jour, pour avoir résisté — oh loyalement — à ceux des vôtres qui venaient achever notre ruine, j'étais poursuivi, — tandis que ma mère se mourait dans notre chaumière. Je fus pris — et presque aussitôt remis en liberté — grâce à vous, je le sais. Quand je revins chez nous, ce fut pour y trouver ma pauvre vieille préservée miraculeusement par deux anges : la comtesse Treszka et sa fille!

LA COMTESSE TRESKA.

Ah !... je me souviens...

KOSMA.

Peut-être ignorez-vous que j'en voulais mortellement à votre mari, au comte Boldi Staraÿ, pour m'avoir, quand on me traînait mains liées devant lui, moi, non pas un Slovaque, mais un Magyar comme lui, pour m'avoir battu, meurtri le visage et laissé tout sanglant. Si je l'avais rencontré dans ce temps-là sur mon chemin...

LA COMTESSE TRESKA.

Mais... maintenant...

KOSMA.

Maintenant, le comte pourrait me battre tant qu'il voudrait, puisqu'il a une femme comme vous...

LA COMTESSE TRESZKA.

Que comptes-tu faire désormais?

KOSMA, levant les épaules.

Je n’ai plus rien... Il ne me reste qu’à rejoindre les autres, ceux qu’on appelle les *pauvres garçons*.

LA COMTESSE TRESZKA.

Mener une vie de bandit hors la loi? Un fils qui aime ainsi sa mère est un honnête homme... Je vais en prendre la responsabilité : Mon beau-frère Atthory nous demandait un garde à Krasna-Horka. Si je t’indiquais à lui, que dirais-tu?

KOSMA, d’abord confondu.

Quoi! Votre grâce daignerait encore? Si c’est vrai, je le jure sur la tête de ma mère, on se donnerait un serviteur fidèle...

LA COMTESSE TRESZKA.

Attends-là mon retour.

Elle lui fait un signe gracieux et se rend vers la chapelle, le laissant étourdi de la chance.

SCÈNE X

KOSMA, s’essuyant les yeux, va s’appuyer contre l’ouverture d’une des portes fenêtres. LE COMTE MIKLOS ressort précipitamment, l’air trouble et inquiet, de l’appartement du comte Andor.

KOSMA, apercevant Miklos, se redressant.

Un tzigane... les poches pleines, bien sûr... Alors, à mon nouveau métier! (Sortant son couteau et s’approchant sans bruit de Miklos qu’il saisit par l’épaule.) Au voleur!

LE COMTE MIKLOS, se secouant de lui, sortant un revolver et cherchant à
le braquer sur Kosma.

Tais-toi ou je tire!

KOSMA, le frappant au poignet d'un revers de son couteau et faisant sauter
le revolver.

Rends-toi!

Miklos étouffe un cri de douleur, se dégage, et ne pouvant atteindre la porte basse
que lui barre par hasard Kosma, bondit de nouveau vers la porte du comte Andor
dont il enfonce les battants et par laquelle il disparaît. Des tourbillons de fumée
en sortent aussitôt. Kosma se précipite à sa suite et recule d'abord devant l'incendie

KOSMA.

Au voleur! Au feu! Au feu!

Kosma entre ensuite, tête baissée, dans l'appartement du comte. On entend de toutes
parts les cris répétés : « Au feu! ». La fumée s'épaissit et sort aussi de la galerie
Les serviteurs envahissent la scène ainsi que les tziganes.

ACTE DEUXIÈME

L'atelier de la comtesse Treszka au château de Staraÿ.

SCÈNE PREMIÈRE

LA COMTESSE STARAŸ, fumant une cigarette sur une chaise longue, LE BARON DITRIK.

LE BARON DITRIK, désignant un tableau sur un chevalet, représentant les tziganes du prologue.

« De tout ce qui fut eux presque rien n'est vivant ! » (Riant.) J'exagère. D'abord, ils revivent par vous, et puis on n'en a pendu que deux ou trois, de vos fameux tziganes. Le reste apprend en cage, ce qu'il en coûte de reconnaître par le vol et par l'incendie, une généreuse hospitalité d'artiste.

LA COMTESSE TRESZKA.

Ma sotte idée m'a laissé des remords... Quoi qu'ait décidé la justice, j'ai peine à prendre ces pauvres gens pour les vrais coupables.

LE BARON DITRIK.

Alors, qui donc aurait mis le feu? Mais vos amis avaient tant de caractère, ils soupiraient avec une telle conviction leurs chants de saveur si lointaine! Et moi, par amour de l'art également, je veux les considérer comme des brigands authentiques, et non de simples modèles d'atelier ou autres déplorables virtuoses.

LA COMTESSE TRESZKA.

Vos méchantes plaisanteries mettraient l'idéal en fuite.

LE BARON DITRIK.

Au contraire, je salue l'idéal dans vos œuvres, et vous prédis une médaille d'or à l'Exposition de Budapest.

LA COMTESSE TRESZKA.

Est-ce que j'y songe? Ai-je d'autre but que d'échapper aux laideurs de la vie, que de rechercher les harmonies dont il me semble avoir le souvenir en même temps que l'espoir? Travail magique, de concevoir dans la joie des êtres imaginaires et de les mettre au monde en de sublimes angoisses! Et ces chers enfants de mon rêve, créés par moi seule et pour moi, j'irais les exposer à des inconnus?

LE BARON DITRIK.

Ces enfants-là ne vous font pas oublier votre Etelka... que vous n'avez cependant pas faite de la même façon...

LA COMTESSE TRESZKA.

Ceci est un badinage...

LE BARON DITRIK, soupirant.

Très sérieux pour moi!... Bref, sa fille, la peinture et la musique, voilà tout ce dont se préoccupe ici-bas la comtesse Treszka Staraÿ!

LA COMTESSE TRESZKA, vivement.

Oh! oui, ma fille, mon autre moi, plus que moi-même, avant tout mille fois! (Changeant de ton et tendant la main au baron.) Et puis encore, ayant son prix, un dévouement tel que le vôtre!

LE BARON DITRIK.

Mon dévouement! Ce qu'il a fait de moi m'étonne quand j'y songe... Car enfin... jusqu'ici vous l'avez bien peu récompensé...

LA COMTESSE TRESZKA, souriant.

Allez-vous gâter ma reconnaissance? Vous ne voudriez pas que je cesse de mériter vos reproches? Convenez que ce serait hors de saison...

LE BARON DITRIK, piqué.

De ma part, bien entendu! Ma foi non! on est jeune à tout âge, devant des perfections telles que les vôtres! Pour qu'elles demeurent inutiles, quel sort a donc été jeté sur vous? Voyons, rappelez-vous le conte bleu, la fée Grognon arrêtant les droits de l'amoureux à la hauteur de l'écharpe, tenue pour lors contre le sein de la belle. Mais tout est facile quand on le veut bien. L'aimable enfant ouvre les doigts, l'écharpe tombe à ses pieds. Elle est tout entière à l'heureux prétendant. Ne voudrez-vous pas comme elle...

LA COMTESSE TRESZKA, sévèrement.

Assez de vos contes, d'une nuance, en tout cas, qui ne me convient pas... Si vous êtes aussi peu sage, baron Ditrik, nous vous rendrons à la compagnie de mon noble époux... et des petites dames qui n'attendent pas l'intervention des fées pour lâcher leur écharpe.

LE BARON DITRIK, effrayé.

Quelles affreuses perspectives... Bouche close, désormais!

Je préfère mourir de faim près de vous! Ce sera plus gai...

LA COMTESSE TRESZKA, riant.

A votre aise, donc!

SCÈNE II

Les Mêmes, ETELKA.

ETELKA, courant à sa mère.

Sais-tu, mère? Il y a bien plus d'une année que nous sommes en deuil?

LA COMTESSE TRESZKA, l'embrassant.

Crois-tu, chérie? Il me semble que c'était hier, ton pauvre grand-oncle, expirant à deux pas du château tout en flammes qui l'appelait comme un bûcher funéraire.

ETELKA.

Depuis ce triste jour, tu as été mienne plus que jamais! (Elle embrasse sa mère.) Oh! que je suis injuste! N'es-tu pas la même, qu'il y ait du monde ou non? Pourtant, écoute, quand je te vois passionnément admirée par tous, je deviens horriblement jalouse. Et si tu aimais quelqu'un d'autre que moi, je haïrais ce quelqu'un — et la vie — ou je deviendrais folle... Je ne parle pas de mon père... mais celui-là...

LA COMTESSE TRESZKA.

Tu vas trop parler de lui... Je t'ai défendu...

ETELKA, *câlinement.*

Ne fais pas ta figure sévère, comme un ciel très noir....
d'où ne tombent enfin que des flocons blancs ! Tu imposes
à tous les autres, avec tes grands airs de lis dominant un
tas de fleurettes insignifiantes. Je me trouve à ta hauteur,
moi — ce qui es ta faute, parce que tu m'as attirée jusqu'à
toi, — et ma récompense parce que je suis une très bonne
fille... (*Elle l'embrasse à nouveau..*) Tiens, pour faire la paix, je
t'accorde encore notre cher baron...

LE BARON DITRIK, *se levant.*

Oui-dà, comme c'est flatteur !

ETELKA.

Oh ! oh !... Il paraît que vous n'étiez pas un si grand
saint, avant de vous laisser convertir par maman ! Quand
mon père se mettait à raconter vos fredaines on me faisait
sortir, — ce qui ne servait à rien : d'abord, parce que
généralement l'histoire était dite, — et puis que je n'y
comprenais pas deux mots.

LE BARON DITRIK.

Quelle ingénue ! Tu devrais t'aviser de toi-même, dès
que ton père...

ETELKA.

Prenez garde, vous allez vous faire gronder aussi... Mais,
dis-moi, chère mère, pourquoi tante Ilona, qui est le contraire de toi, qui n'a pas de dignité pour un kreutzer,
m'intimide-t-elle horriblement ? Je crois toujours voir des
griffes sortir de ses pattes de velours...

LA COMTESSE TRESZKA.

Ta tante est charmante pour toi...

ETELKA.

Pour tout le monde, c'est convenu, — sauf par exemple pour l'infortuné cousin Miklos, dont elle voulait à toute force prolonger le bannissement... Et moi, j'ai pour Miklos les sentiments d'une sœur cadette ! Il était si bon ! Il me défendait si volontiers, autrefois...

LE BARON DITRIK.

Et t'embrassait de temps en temps... pour te rassurer...

ETELKA.

Étiez-vous là, pour voir ?

LA COMTESSE TRESZKA.

Il est toujours là quand il s'agit de tenir de méchants propos... Mais toi, tu dois prendre maintenant un autre protecteur qu'un frère, qui est en même temps ton oncle par le fait, et surtout bien choisir, comme te disait ton grand-oncle, celui qui te mènera, souriante et fière, le long des chemins bénis.

ETELKA.

Oh ! je me figure ce prince charmant à qui tu rêves avec une exaltation continuelle... pour ta fille, cela va sans dire — et qui t'aimerait bien vite mieux que moi, dès qu'il te connaîtrait. Peut-être, au cas extraordinaire où il s'adresserait à moi, me laisserais-je attendrir, si je n'étais sûre d'avance que ses yeux ne sauraient me regarder comme les tiens ! (Soupirant.) Ma tante Ilona me le répète assez que je ne suis qu'une petite bonne femme sans conséquence... Bast ! je vais jouer à la poupée sur la personne de mon amie Marinka, qui doit finir sa toilette... (En confidence.) Nous aurons toutes deux à vous adresser, à ma grand'mère et à toi, une de ces requêtes... un complot magnifique. Je me

sauve, je ne pourrais pas m'empêcher de te le raconter tout
de suite.

Elle sort en courant.

SCÈNE III

LA COMTESSE TRESZKA, LE BARON DITRIK.

LA COMTESSE TRESZKA.

Eh bien, baron, nous voyez-vous trahissant sa confiance?
Ah! je vous en veux, car à cette odieuse et ridicule pensée,
tout me devient étrangement douloureux. — Je sens mes
nerfs tressaillir comme d'un pressentiment d'injuste catastrophe. — Savez-vous que je ne survivrais pas une heure
au moindre soupçon qu'elle aurait sur sa mère?

LE BARON DITRIK, lui baisant respectueusement la main.

Pardonnez moi, comtesse, je vous le demande de tout
mon cœur. Et surtout ne prenez pas ce ton tragique. Je
l'avoue humblement, je n'étais qu'un vieux sot... Du
moins, me reste-t-il permis, à l'occasion, de me jeter au
feu...

LA COMTESSE TRESZKA, riant.

Non! plutôt à l'eau, cela vous calmerait... Assez d'enfan-
tillages! Rejoignons ma belle-mère. Nous savons où la
trouver.

LE BARON DITRIK.

A la chapelle! Bon! Je vais commencer par me tremper
dans l'eau bénite!

Ils sortent.

2

SCÈNE IV

LA COMTESSE ILONA ATTHÓRY, LE COMTE MIKLOS FERVAR.

LA COMTESSE ILONA.

Nous avons pris l'avance... Pas un chat par ici... (Se jetant au cou de Miklos et l'embrassant.) Mon beau cousin Miklos, il faut que je te redise ici, comme à Krasna-Horka, la joie que j'ai de te ravoir enfin ! Mais n'admires-tu pas ce que j'ai pu gagner en prétendant ne pas te souffrir ? Ils en sont tous persuadés ; — si bien que le plus ombrageux des maris — le mien, — me verrait aujourd'hui dans tes bras sans en croire ses yeux. N'est-ce pas une idée de génie ?

LE COMTE MIKLOS.

Ravissante combinaison, sans doute, ma chère Ilona ! mais qui n'empêche pas la honte de ma détresse de m'accabler plus lourdement chaque jour... Ah ! maudite soit la mémoire de l'oncle Andor !

LA COMTESSE ILONA.

Celui-là, nous n'avons pu l'attraper ! Le vieux diable n'entendait pas raison sur la moralité des siens ; car, pour lui-même, je gage que dans son temps il ne se privait pas de conter fleurette !

LE COMTE MIKLOS.

Ah ! ah ! tu m'apprends enfin la vraie cause de mon infortune... que Dieu te bénisse !

LA COMTESSE ILONA.

De quoi se mêlait cette ombre encore à peine de ce monde ? Avec tout cela, ma digne, mon impeccable sœur aînée a tout accaparé pour elle et pour sa chère fille...

LE COMTE MIKLOS, avec hauteur.

C'est aussi ton merveilleux génie que doit remercier cette fille, maintenant le plus beau parti de la Hongrie, souveraine à nos dépens des terres de famille, que l'on mettrait deux jours à traverser au galop de ses chevaux.

LA COMTESSE ILONA, vivement.

Comme tu t'occuperais d'Etelka, si je te laissais oublier que je t'aime !

LE COMTE MIKLOS, d'un air contraint.

Oh ! je ne risque rien en ce cas !... D'ailleurs, Etelka ? Allons donc ! Ces raisins-là sont trop verts !

LA COMTESSE ILONA.

Et cela te chagrine... Si tu osais !... Aie la franchise de l'avouer. (Avec dépit.) Ai-je un regret d'être déshéritée à ta suite ? Mon époux a tout perdu : santé, fortune, par ambition maladroite de me faire la vie plus belle, tout autant que par dévouement pour son pays. Est-ce que je le plains ? Je ne songe qu'au jour prochain où je pourrai, grâce à toi, reprendre le nom de nos ancêtres communs ! (Se faisant tendre et souriante.) Alors, tu verras, nous aurons vite, à nous deux, reconquis pour ce nom les honneurs et la richesse !

LE COMTE MIKLOS, éclatant.

A moins que je ne sois à mon tour aussi maladroit qu'Ivan et que tu ne me portes malheur comme à lui !

LA COMTESSE ILONA.

Lui, je ne l'aimais pas !

Elle fond en larmes.

LE COMTE MIKLOS, se reprenant.

Tu serais désenchantée à la même école que moi ! Tu n'as pas souffert de longues années, tu n'as pas eu de père égoïste et prodigue, de mauvais conseil, tu n'as pas goûté le plaisir de manquer de pain chez soi ou d'avoir à s'humilier au seuil des parents riches ! (Il l'embrasse.) C'est à toi seule que je pense, gracieuse créature, dont je voudrais voir la tête couronnée de diamants et le sein ruisselant sous des perles d'impératrice ! Quel train nous aurions pu mener ! Tantôt dans une splendide résidence, tantôt sur les grands chemins d'un monde, — élégant à l'Occident, — à l'Orient prestigieux et féerique. Tous les rêves seraient à nous, sans ce maudit chiffon de papier signé par un vieux fou. Merci de moi ! (Violemment.) Si j'avais pu réussir l'an dernier...

LA COMTESSE ILONA, surprise.

As-tu donc essayé ? Prends garde ! Des ruines de Fervar quelque témoin n'irait-il pas surgir ?

LE COMTE MIKLOS, impatient.

Pas toi, n'est-ce pas ? En retard serait le revenant !... Et quand même je n'aurais écouté que ma colère, ce château qui devait être à moi, étais-je tenu de le laisser tranquillement aux autres ?

LA COMTESSE ILONA.

Tu me fais peur...

LE COMTE MIKLOS, ricanant et haussant les épaules.

Bon ! Vas-tu pas me poser en traître de mélodrame ? Ou bien parce que je me trouvais là par hasard, fallait aussi me commettre contre la racaille des tziganes ? Tenter de sauver avec le reste le testament qui nous dépouillait — et qu'on a retrouvé finalement par insupportable malechance ?

LA COMTESSE ILONA.

Tout ce que je veux savoir, c'est que tu es mon maître... et que je t'adore... Au revoir... Il faut que j'aille au-devant de mon mari...

LE COMTE MIKLOS.

Au revoir, ma belle maîtresse !

Elle sort en lui envoyant un baiser.

SCÈNE V

LE COMTE MIKLOS, seul.

C'est curieux comme les jaloux ont l'art de vous suggérer des idées pratiques... Voilà que je vais penser tout de bon à ma chère nièce !... Etelka, « des raisins trop verts ! » Hum ! ils seraient à mon goût pourtant... Peut-être ne s'agit-il que de profiter de la première occasion.

En s'avançant vers une table, il prend machinalement les gants laissés par Etelka, et son mouchoir dont il regarde le chiffre.

SCÈNE VI

ETELKA, LE COMTE MIKLOS.

A ce moment Etelka entre étourdiment, et sans voir d'abord Miklos, semble chercher partout des objets oubliés ; Miklos, l'apercevant, se met à couvrir de baisers les gants et le mouchoir.

ETELKA, le découvrant.

Que faites-vous là ?

2.

LE COMTE MIKLOS, feignant la surprise et cachant maladroitement dans son sein les objets qu'il tenait.

Rien ! J'arrive de Krasna-Horka... et j'attends...

ETELKA.

En vous livrant à des transports frénétiques sur mon pauvre mouchoir et mes gants... que je cherchais avec ma musique ?... (Miklos baisse la tête d'un air confus.) Vous devenez fou... Rendez-moi mon bien...

LE COMTE MIKLOS, avec un embarras bien joué.

Volontiers, si cela vous appartient... Je le croyais à votre mère...

ETELKA, déçue et scandalisée.

Et vous vous permettiez de semblables démonstrations ? Quel droit avez-vous de vous conduire ainsi ?

LE COMTE MIKLOS, cherchant ses mots.

Le même droit qu'a chacun ici... de vénérer une grande âme, une artiste de génie, la Providence des malheureux.

ETELKA.

Vous m'irritez fort, Miklos ! Je vais lui raconter vos extravagances. Donnez-moi tout d'abord ces objets volés !

LE COMTE MIKLOS, vivement.

Non, vraiment, ils me sont précieux quand même... Libre à vous de me dénoncer... Mais votre mère ne s'y trompera pas... et n'aura pas de peine à comprendre mes secrets... mieux que vous.

ETELKA, indécise.

Vous êtes odieux ! Vous vous moquez de moi ?

LE COMTE MIKLOS, *soupirant très fort, puis changeant de ton, comme se faisant violent et provoquant à dessein.*

Soit!... Croyez-le!... Vous avez l'âge auquel on peut se permettre avec les filles cette liberté!... (*Il gagne la porte, tandis qu'Etelka reste troublée et boudeuse. Au seuil, à part.*) Elle est hésitante... intriguée... furieuse... je l'aurai belle à l'explication.

Il sort.

SCÈNE VII

ETELKA, LE CHAPELAIN.

Etelka se déterminant soudain à partir, va se heurter contre le chapelain arrivé à temps pour voir Miklos s'en aller.

ETELKA, *rogue.*

Ah! Monsieur le chapelain! Vous écoutez aux portes?

LE CHAPELAIN.

Fort maladroitement. en ce cas. Je suis arrivé trop tard pour rien entendre.

ETELKA.

Vous feriez mieux d'être auprès de vos malades, que vous guérissez si miraculeusement, prétend-on.

LE CHAPELAIN.

Je suis heureux. mademoiselle, qu'avec vos compliments, vous daigniez me prodiguer des avis, dont j'ai tant besoin à mon âge et dans mon caractère.

ETELKA, *avec colère.*

Que voulez-vous! de l'aveu de tous, je n'ai pas encore, moi, l'âge où l'on est tenu d'être convenable.

Elle sort en tourbillon.

LE CHAPELAIN.

C'est à peu près comme si j'avais écouté! De pareils emportements sont de méchant augure, car je n'aime guère ce monsieur-là.

SCÈNE VIII

LA COMTESSE DOUAIRIÈRE KATALIN STARAŸ, LA COMTESSE TRESZKA STARAŸ, LE CHAPELAIN, LE BARON DITRIK.

LA COMTESSE KATALIN.

Une demande solennelle qu'Etelka va nous faire? une demande en mariage, peut-être. A la manière dont vous l'élevez, c'est elle, vous verrez, qui daignera nous faire part... N'est-ce pas, monsieur l'abbé?

LE CHAPELAIN, avec une feinte naïveté.

Plaise à Dieu, madame la comtesse, si le choix est heureux... Je me vois déjà servant la messe célébrée par monseigneur.

LA COMTESSE KATALIN.

Vous êtes un fin diplomate...

LE BARON DITRIK.

Oh! comtesse, le chapelain a trop bon cœur pour ce métier-là.

LA COMTESSE TRESZKA.

Venez plutôt à mon secours, monsieur l'abbé. L'escarmouche me semble le prélude d'une bataille rangée.

LA COMTESSE KATALIN.

Rien n'est plus vrai. Voilà quelque temps que je me promets de vous entretenir, vous et mon fils, de l'avenir d'Etelka.

LA COMTESSE TRESZKA.

Ah! si vous attendez que le comte Boldi soit présent... et d'humeur à converser gravement de ce qui nous touche...

LA COMTESSE KATALIN.

Voilà bien l'esprit des Fervar! Allez-vous pas un jour, à l'exemple de votre vieil oncle, lui faire ce reproche devant sa fille elle-même?

LA COMTESSE TRESZKA.

C'est pour mon enfant que je me suis tue jusqu'ici. C'est pour elle que je parle aujourd'hui...

LA COMTESSE KATALIN.

Il est un reproche que je vous adresserai, moi; celui de ne jamais consulter une grand'mère. On prétend que la vieillesse ne cherche qu'à blâmer les modes nouvelles... Oui, certes, quand elles donnent aux parents des airs de camarades au lieu de leur laisser ceux de maîtres respectés. N'est-ce pas votre avis, monsieur l'abbé?

LE CHAPELAIN.

Certainement, madame la comtesse. Mais, d'autre part, le temps est passé, pour les enfants comme pour les peuples, où il suffisait d'ordonner sans donner de raisons.

LA COMTESSE KATALIN.

Vous êtes donc, vous autres prêtres, dans le mouvement?

LE BARON DITRIK.

Quand les guides restent assis, les voyageurs se cassent le cou!

LE CHAPELAIN, souriant.

Sans doute...

LA COMTESSE TRESZKA.

Alors, en marche! comme en Amérique, par exemple? S'y trouve-t-on engagé dans des voies si terribles?

LE CHAPELAIN.

Ah! chère madame, que ce nouveau monde a vieilli rapidement! Entre autres, vous n'y rencontreriez sur vos pas que des gens divorcés... Pas la peine de courir si loin!

LE BARON DITRIK.

Prenez garde, mon cher abbé, on va croire que vous regrettez quelque plantation aux Antilles...

LA COMTESSE TRESZKA.

Eh, que le monde soit vieil ou nouveau, pourquoi n'aurais-je pas foi dans les instincts de ma fille?

LE CHAPELAIN.

Oh, les instincts, les instincts! Il ne faut pas aller, comme du temps de saint Augustin, ou plus récemment comme Goëthe, jusqu'à les attribuer à Lucifer, — qui serait ainsi notre créateur direct...

LA COMTESSE KATALIN.

Abominable hérésie!

LE BARON DITRIK.

On suivrait les conseils de son père, en dépit du grand-papa?

LE CHAPELAIN, riant.

Précisément. Mais nous ne devons pas non plus tout divi-
niser, ainsi que le prêchait Jean-Jacques Rousseau. Tenons-
nous-en simplement à la faute originelle, et redoutons les
jeunes instincts, imprudents à tout le moins, chez les plus
naïves... Pour ma part, j'ai pu constater, il n'y a pas longtemps, qu'ils étaient portés à s'intéresser trop charitables
ment à de mauvais sujets...

LA COMTESSE KATALIN.

A la bonne heure! Dans nos maisons, l'on se trouva
toujours bien, que je sache, d'imposer aux filles les maris
que l'on jugeait leur convenir.

LA COMTESSE TRESZKA, avec impatience.

Êtes-vous parfaitement sûre des résultats obtenus?

LA COMTESSE KATALIN.

Pour ce dont je me souviens, depuis nos grand'mères
jusqu'à moi...

LA COMTESSE TRESZKA.

L'histoire ancienne est pleine d'admirables légendes!

LA COMTESSE KATALIN.

Vous êtes fort polie, ma chère Treszka!... Mais vous
voici... N'offrez-vous pas un exemple...

LA COMTESSE TRESZKA.

D'union bien assortie?... J'aurais à me vanter, madame,
de ce que vous prétendiez être en droit de le supposer.

LE BARON DITRIK, bas à la comtesse Treszka.

Ça brûle... Vous m'avez défendu de m'approcher du feu...,
je m'en vais...

Il s'en va discrètement.

SCÈNE IX

Les Mêmes, moins le baron Ditrik.

LA COMTESSE KATALIN.

Si vous n'avez pas su vous entendre avec mon fils, du moins avez-vous profité, je pense, des principes que l'on vous avait donnés...

LA COMTESSE TRESZKA.

La religion, les principes! Ces belles choses sont-elles pour empêcher à jamais une femme, quand elle a vu s'écrouler toute affection légitime, de tressaillir à l'approche d'un amour apportant la délivrance et la résurrection? Qui sait comment je ne l'ai pas appelé, moi?

LA COMTESSE KATALIN.

Quelle révélation! Votre vertu n'aurait tenu qu'à un fil...

LE CHAPELAIN, à la comtesse Katalin.

Heureusement, la Providence l'avait en sa main.

LA COMTESSE TRESZKA.

Prenait-Elle vraiment cette peine? Enfin, le fait est, qu'à bout de patience, j'ai trouvé un refuge quand même... auprès de ma fille! Celle-là, mon seul amour au monde, je ne la laisserai pas sacrifier à la même expérience! Elle n'aurait qu'à ne

pas se contenter de vivre comme sa mère : *par procuration!*
Et je préfère la voir moins obéissante avant, que d'être,
après, le témoin de sa révolte. Aussi me refusé-je pour elle
à l'un de ces mariages de convenance qui ne sont, pour
mieux dire, que des aventures. Moi vivante, elle n'épousera
qu'un homme voulu par elle, qui réponde à toutes ses aspi-
rations, et qu'elle aime de tout son cœur...

LE CHAPELAIN, à la comtesse Treszka.

Telle que je la connais, vous n'aurez pas grand'peine à la
convaincre! Sans prétendre, madame, à juger de vos griefs,
souffrez que je vous donne mon faible avis. Vous reportez
sur votre fille idolâtrée les espérances de bonheur qui vous
ont trahie! Pourtant vos ambitions la pourraient mal servir à
son tour. Trop souvent vous faites luire à ses yeux des
splendeurs enchantées. Mais, si le Ciel même n'étend
parfois ses voiles à l'encontre des rayons du soleil, les
forêts et les moissons surchauffées s'embrasent à la
moindre étincelle de feu terrestre. Craignez, en négligeant
d'abriter cette jeune âme sous les nuées tutélaires de la
sagesse et du devoir, de l'exposer sans défense à des entraî-
nemen's funestes.

LA COMTESSE TRESZKA.

Ne suis-je pas là? Vous ai-je dit que je renonçais à la
souveraine influence acquise sur ma fille?

LE CHAPELAIN.

Oh! la logique des femmes! Tel un écureuil cerné saute
sur l'arbre voisin! Nous changeons de terrain! J'entends!
Maintenant, une république libre... avec un empereur! Cela
s'est vu parfois... Et l'idole renversée par une catastrophe...

LA COMTESSE TRESZKA.

Qui pourrait abattre en son cœur la mère que je suis?

LE CHAPELAIN.

L'amour! à qui vous-même aurez ouvert toutes les portes!

SCÈNE X

Les Mêmes, LE COMTE IVAN ATTHORY, LA COMTESSE ILONA ATTHORY, LE COMTE MIKLOS FERVAR.

Ces derniers s'empressent autour de la comtesse Katalin en lui baisant la main, puis échangent des bonjours avec la comtesse Treszka et le chapelain.

LA COMTESSE KATALIN, au comte Ivan.

Vous avez pu nous venir sans fatigue, mon cher Ivan?

LE COMTE IVAN, pâle et souffrant.

Je tenais à vous voir, madame, quoique le grand air et le mouvement m'éprouvent.

LA COMTESSE ILONA, gaiement.

Prétexte pour se replonger dans ses travaux.

LE COMTE IVAN.

Laissez-moi faire à ma guise! Vous aviez Miklos pour vous servir de chevalier. Que ne vous entendiez-vous avec lui?

LE COMTE MIKLOS.

Je n'aurais pas voulu devoir à la résignation...

LA COMTESSE ILONA, avec un sourire équivoque.

Ne craignez pas, cousin, qu'il vous arrive jamais rien de
pareil...

LA COMTESSE TRESZKA.

N'y a-t-il pas certaine coquetterie, ma sœur, à taquiner
de la sorte un homme jeune, séduisant, quoi que vous en
disiez... et bon garçon, ce qui vaut mieux que tout le reste?

Elle tend la main à Miklos.

LE COMTE IVAN.

Allons, Miklos, aie de la raison pour deux (A mi-voix.) Tu
sais bien que j'ai besoin de ton aide afin de reconstituer une
fortune à ma chère femme et d'aller vite, pour le temps
que je puis encore avoir à vivre. A propos, voici le chèque
dont nous étions convenus pour la grande opération, j'avais
oublié. (Il lui remet un papier.) Puisque tu retournes à Vienne,
cette fois, il faut tout risquer.

LE COMTE MIKLOS.

Avec prudence ! (Lui serrant les mains.) J'espère te rapporter
bientôt de bonnes nouvelles...

LA COMTESSE KATALIN, installée à une table de jeu.

Où êtes-vous, monsieur l'abbé ? Notre bésigue vous
attend.

SCÈNE XI

LES MÊMES, LE BARON DITRIK, une fleur à la boutonnière,
ETELKA, et son amie MARINKA.

LE COMTE IVAN.

Ah ! voici la jeunesse !

LE BARON DITRIK.

Remarquez que je suis de l'entrée.

LE COMTE IVAN, riant.

Naturellement, mon cher baron !

LE BARON DITRIK.

Si *naturellement* ?... Bah ! en m'y aidant un peu...

SCÈNE XII

LES MÊMES, LE COMTE BOLDI STARAY, survenu presque
derrière eux.

LE COMTE BOLDI, allant baiser la main de sa mère.

Bonjour, ma mère. Ne vous dérangez pas, je ne viens
qu'en passant. (A Etelka.) Embrasse-moi, ma chère fille. (Elle
lui tend froidement son front.) Est-ce là toute la joie que vous éprou-
vez à revoir un père ?

LA COMTESSE TRESZKA.

Excusez-la. Peut-être vous en veut-on de n'être qu'un *passant*?

LE COMTE BOLDI.

Compliment presque flatteur, si vous me l'adressez également de votre part! Ditrik est-il devenu ennuyeux à ce point qu'il ne vous suffit plus? (A Ditrik, à mi-voix.) T'en prendre à mon glaçon de femme! Tu dois être transi, mon cher. L'autre, à la bonne heure! (Haut, à la comtesse Ilona, en lui baisant la main.) Si j'étais plus souvent à vos côtés, chère belle-sœur, je deviendrais vite amoureux de vous.

Le comte Ivan fait un geste d'impatience.

LA COMTESSE ILONA.

Taisez-vous donc! Treszka vaut mieux dans son petit doigt que moi dans toute ma personne.

LE COMTE BOLDI.

Hum! Vous croyez? Ah! çà! le carnaval pénètre au fond de ces déserts? Ditrik lui-même se déguise en jeune homme! Quel sera mon personnage?

LE COMTE IVAN.

Profite d'une si rare occasion pour te déguiser en père de famille!

LE COMTE BOLDI.

Merci! Et toi, mon cher Ivan, en sauveur de la patrie, plus pâle et plus défait que jamais? Se ruiner au service de l'État, voilà ce qui s'appelle ne pas être dans le train.

LE COMTE IVAN.

Chacun sa marotte! Il se trouvera peut-être, pour profiter de mes dépouilles à moi, — et c'est ce qui me console,

— des gens plus intéressants que les amis trop adroits, les filles et les juifs.

LE COMTE BOLDI.

Ah ! çà !... serait-ce pour moi ?...

LE BARON DITRIK, intervenant entre eux.

L'atmosphère de la famille n'est respirable qu'à doses continues, mon cher Boldi ! En y rentrant brusquement, tu prends feu comme tous les météores...

ETELKA, prenant Marinka par la main et venant s'agenouiller avec elle près de la comtesse Katalin.

Grand'mère, vous avez près de vous deux suppliantes...

LA COMTESSE KATALIN, interrompant son jeu.

Quelle folie vous êtes-vous mise en tête, mes enfants ?

ETELKA.

Ce n'est pas une folie, grand'mère, puisque la sage Marinka est ma complice.

MARINKA.

Je vous en prie, madame, l'idée ne vient pas de moi...

ETELKA.

Modeste et peureuse ! Allons, je donne l'assaut toute seule. Voici, grand'mère : il s'agit, puisque notre deuil est grandement fini, de bouleverser tout simplement Staraÿ et d'y donner un bal.

LA COMTESSE KATALIN.

Jusqu'ici, je ne vois pas grand mal ; il faut que jeunesse s'amuse... et qu'elle oublie !

Les jeunes filles se relèvent et s'embrassent joyeusement.

LE COMTE MIKLOS, avec assurance.

C'est ce que nous avons tous de mieux à faire, maintenant que la justice a dit le dernier mot.

LA COMTESSE KATALIN.

Nous tàcherons, ma chère Etelka, de vous trouver, parmi tous nos danseurs, un parti sortable.

ETELKA.

Ce serait une fameuse occasion, surtout pour Marinka, qui semble plus pressée que moi. Seulement...

LA COMTESSE TRESZKA.

Seulement... quoi, petite masque ?

ETELKA, riant et sautant.

Tu l'as dit, maman : des masques, des masques !

LA COMTESSE TRESZKA, scandalisée.

Qui ça, masqué ?

ETELKA.

Rien que les femmes ! En domino... C'est ainsi qu'on prend ses renseignements sans se compromettre.

LE COMTE IVAN, gaiement.

Du moment que tout se passe entre gens comme il faut, je vote pour...

ETELKA.

Bravo, mon cher oncle !

LA COMTESSE ILONA, à la comtesse Katalin.

Laissez-vous fléchir.

ETELKA, à mi-voix, à Marinka.

Entends-tu ? Ma tante qui dit comme nous ? Ça va nous porter malheur !

LE BARON DITRIK.

En avant nos costumes de magnats et gare à messieurs les officiers ! Nous les éclipserons !

LE CHAPELAIN.

Je donne d'avance mon absolution.

LA COMTESSE KATALIN.

Si tout le monde se met de la conspiration, je me rends.

ETELKA, l'embrassant.

Chère, chère grand'mère !

LA COMTESSE KATALIN.

Mais votre père n'a rien dit encore...

LE COMTE BOLDI.

Oh ! moi ! je n'ai pas d'avis ! Il faut que je reparte pour affaires pressantes dès que j'aurai vu mes fermiers. Ces ladres-là ne sont pas commodes !

LA COMTESSE KATALIN.

Vous nous resterez au moins quelques jours, mon fils ?

LE COMTE BOLDI.

Pas cette fois, à mon grand regret.

Il sort.

SCÈNE XIII

LES MÊMES, moins LE COMTE BOLDI.

LA COMTESSE TRESZKA, souriant tristement à la comtesse Katalin.

Je croyais que vous aviez à lui parler sérieusement...

LA COMTESSE KATALIN, sèchement.

Laissez-moi finir mon bésigue...

Elle se remet à jouer avec le chapelain.

LE BARON DITRIK, à la comtesse Katalin.

Chère comtesse, je vais vous aider à dépouiller le chapelain. Ce sera pour vos pauvres...

Le baron Ditrik se joint à eux. Treszka et Ilona vont causer sur le canapé. Près d'elles, Ivan s'assoit et prend un journal. Etelka et Marinka s'installent à une table à gauche, avec Miklos.

ETELKA.

Occupons-nous des listes d'invitation. (A Marinka,) As-tu celles que nous avions commencées?

MARINKA.

Pouvait-on les apporter... avant la permission? Je vais les chercher et envoyer tout de suite une ligne à mes parents.

Elle sort.

3.

SCÈNE XIV

Les Mêmes, moins MARINKA.

ETELKA, à Miklos, après un certain embarras.

Eh bien, mon digne oncle, je n'ai pas mal mené ma barque, pour *une petite fille?*

LE COMTE MIKLOS, souriant.

Qui vous regarde comme telle?

ETELKA, vivement.

Eh! vous donc... avant tous les autres...

LE COMTE MIKLOS, se faisant grave tout à coup et semblant prendre son parti, d'un ton convaincu.

Vous me grondez quand vous devriez me plaindre... Je n'ai le droit d'avoir aucune autre opinion sur vous.

ETELKA, surprise.

Pourquoi?

LE COMTE MIKLOS.

D'abord, parce que je suis votre oncle...

ETELKA.

Oh! de si peu!.,. D'ailleurs, il y a des exemples d'oncles qui...

Elle s'arrête confuse.

LE COMTE MIKLOS.

Qui?...

ETELKA, ne sachant comment en sortir.

Rien. Et puis?

LE COMTE MIKLOS.

Parce que je ne suis qu'un parent pauvre.

ETELKA, émue.

Vous me faites du chagrin à parler si tristement! En sommes-nous à compter de la sorte? Vous me connaissez bien peu!

LE COMTE MIKLOS.

Me connaissez-vous davantage?... Avons-nous jamais eu le loisir d'échanger des idées... sérieuses? Aussi bien il faut gagner ma vie et m'éloigner de Staraÿ... quand même je devrais souffrir de ce départ!

ETELKA, vivement.

Vous êtes insupportable avec vos adieux! Encore une fois, que pensez-vous de moi?

LE COMTE MIKLOS, la regardant fixement et passionnément.

Est-ce cruauté de votre part? Y tenez-vous réellement?

ETELKA, avec émotion.

Oui!

LE COMTE MIKLOS, rapidement et à mi-voix.

Puisque vous le voulez, je vais vous le dire. Vous en pourrez sourire ensuite à votre fantaisie! Je n'ai qu'un instant. Excusez le désordre de mes paroles. Etelka, sans paraître vous en douter, vous vous êtes radieusement épanouie. Vous êtes à présent le rêve le plus délicieux que puisse faire un homme! (Pendant ce temps, la comtesse Ilona, de loin, les observe avec impatience et semble prendre sur elle à grand'peine.) Quand

vous étiez enfant, vous aviez coutume de prier ainsi :
« Mon Dieu ! faites-moi laide, pourvu que je sois bonne ».
Et Dieu, qui n'aime pas les gourmands, vous a tout donné !
Vous avez une âme à charmer un héros ! Vous êtes la fée
de ce beau pays. Votre image me poursuit sur les chemins,
svelte et gracieuse comme les trembles de nos forêts,
blanche comme la neige de nos plaines, avec des cheveux
dont l'étrange reflet est celui de nos fougères dorées par
l'automne, avec des yeux aussi profonds et purs que notre
ciel aux matinées de printemps. Je puis vous quitter,
maintenant que j'ai dévoilé le portrait gravé dans mon
cœur, trop ressemblant, hélas ! pour bien d'autres que
moi !

ETELKA, joyeuse et tendre, lui donnant une main qu'il embrasse à la dérobée.

Non, vous resterez... J'aime tant à vous entendre !

LA COMTESSE KATALIN, se levant.

Miséricorde ! Et mon salut ? Vite, monsieur l'abbé ! (Avec
un soupir.) Nous avons tellement de choses à obtenir du bon
Dieu !

LE BARON DITRIK, soupirant comiquement.

Vous êtes heureuse, comtesse ! Je ne sais, pour ma part...
ce que j'oserais bien lui demander...

Tout le monde se lève et se dispose à quitter le salon.

LA COMTESSE ILONA, s'approchant irritée de Miklos, à mi-voix.

Cette nuit, Lenka vous attendra... si vous n'êtes pas au
rendez-vous, prenez garde !

Miklos s'éloigne en s'inclinant. Tous partent, sauf Treszka et Ilona

SCÈNE XV

LA COMTESSE ILONA, LA COMTESSE TRESZKA.

LA COMTESSE ILONA, *retenant Treszka.*

Reste. J'ai deux mots à te dire.

LA COMTESSE TRESZKA.

Si urgents?

LA COMTESSE ILONA.

Oui, pour toi surtout. Tu ne vois donc rien, toi, la mère si parfaite et si préoccupée de sa fille?

LA COMTESSE TRESZKA.

Qu'aurais-je à voir en elle de nouveau? La crois-tu souffrante parce que ses traits s'affinent et qu'elle a parfois des airs rêveurs et de soudains caprices? Nous sommes toutes comme elle, à cet âge-là! Veux-tu que son imagination ne travaille pas au roman de l'avenir?... Elle cherche...

LA COMTESSE ILONA.

Elle ne cherche pas : elle a trouvé.

LA COMTESSE TRESZKA.

Allons donc! C'est moi qui te l'apprendrais en ce cas.

LA COMTESSE ILONA.

Tu me ferais rire, si je n'avais envie de mordre. Je te dis qu'Etelka est folle de quelqu'un que je vais te nommer. Et quand tu le nommeras devant elle, tu verras si je t'ai mal renseignée.

LA COMTESSE TRESZKA.

Qui serait-ce?

LA COMTESSE ILONA.

Miklos.

LA COMTESSE TRESZKA.

Miklos? C'est impossible. Il l'a fait sauter sur ses genoux...

LA COMTESSE ILONA.

Et maintenant il est aux siens.

LA COMTESSE TRESZKA.

Après tout, je serai bientôt fixée...

LA COMTESSE ILONA, anxieuse.

Et alors...

LA COMTESSE TRESZKA.

Alors... Ce choix, tout singulier qu'il me paraisse d'abord, n'est pas, en y réfléchissant, pour me chagriner grandement. Il lui plaît d'après toi. C'est un grand point. De plus, Miklos est charmant... C'est une nature d'artiste, et comme je hais l'injustice, je ne veux pas m'associer à la haine irréfléchie de notre oncle Andor... Sa famille... la nôtre... la fortune. Etelka, Dieu merci, n'a pas à s'en préoccuper... Je n'entends pas dire qu'il ait eu, comme tant d'autres, de sottes et basses aventures...

LA COMTESSE ILONA.

Parbleu! Faudra-t-il encore t'en donner l'explication? Tu vis dans les nuages, ma pauvre sœur...

LA COMTESSE TRESZKA.

Sais-tu donc sur lui?...

LA COMTESSE ILONA, allant pour avouer.

Que ne saurais-je pas?... (se reprenant.) Une amie fort intime à laquelle il tient par des liens... qui ne l'ont pas empêché, le fourbe, de se jeter sur la fille, au mépris de notre présence...

LA COMTESSE TRESZKA.

Une preuve que les liens dont tu parles ne sont pas fort solides...

LA COMTESSE ILONA, avec colère.

C'est ce que nous verrons!

LA COMTESSE TRESZKA, étonnée et soupçonneuse.

Ah! çà, ma sœur, tu prends bien vivement les intérêts de cette amie... Aurait-elle un si mauvais mari que tu la défendes avec cette chaleur? Je suppose que si, comme toi...

LA COMTESSE ILONA, avec impatience.

Ce ne serait pas une raison... Les maris trop tendres peuvent rendre leurs femmes excusables. Ils ont fait de l'amour une si belle religion qu'elles sont moins en garde contre son culte... Tu n'as pas été suffisamment gâtée pour me comprendre, ma vertueuse Treszka... (se calmant.) Au reste, j'en parle bien à mon aise, moi qui n'ai pas assez de cœur pour m'éprendre de personne... et trop de respect de moi-même pour recourir à de semblables passe-temps.

LA COMTESSE TRESZKA.

D'où vient alors cet acharnement contre Miklos?

LA COMTESSE ILONA.

Je le connais mieux que toi... Crois-moi, je pourrais te dire des choses extraordinaires sur cet aimable garçon...

LA COMTESSE TRESZKA.

Explique-toi jusqu'au bout... Tu n'as pas le droit de jouer avec toutes nos existences.

LA COMTESSE ILONA, réfléchissant.

Donne-moi jusqu'à demain... La nuit porte conseil.

ACTE TROISIÈME

Premier Tableau.

Même décor.

SCÈNE PREMIÈRE

LA COMTESSE TRESZKA, LE BARON DITRIK.

LE BARON DITRIK.

A bord, le passager n'a pas à se mêler des manœuvres ; à terre, l'hôte ne doit pas chercher les secrets du foyer qui l'abrite. Mais si le navire ou la maison est en péril, c'est différent. Voilà pourquoi je me suis mis à l'œuvre.

LA COMTESSE TRESZKA.

Merci, mon ami, de tout le cœur que vous apportez à servir nos intérêts, ceux de ma pauvre fille surtout...

LE BARON DITRIK.

Hé ! cela me fait plaisir... Dieu me damne si j'ai le moindre remords du beau rôle que je joue là ! Je n'ai d'autre mérite, d'ailleurs, que d'avoir, en bon limier, ce matin, éventé la piste et découvert jusque dans les profondeurs de son entêté cerveau, le secret de l'honnête Kosma.

LA COMTESSE TRESZKA.

Ainsi donc, en dépit de l'horreur que j'en éprouve, il faut me méfier de tous mes proches... Depuis hier, je ne vivais plus, quand ma sœur m'eut frappé d'une lame à deux tranchants, m'entretenant des aveux surpris entre ma fille et ce Miklos et me laissant deviner des révélations désastreuses à faire sur cet homme... Heureusement, vous étiez au fait...

LE BARON DITRIK.

Belle merveille ! Tôt ou tard les gredins montrent le bout de l'oreille...

LA COMTESSE TRESZKA.

Comment, hier soir, ma sœur savait-elle si bien ? Et comment, ce matin, m'a-t-elle tout démenti, rejetant ses propos sur une aversion déraisonnable contre Miklos ? Que se passe-t-il en l'âme de cette sœur, si tendrement chérie, si différente pourtant de moi ?

LE BARON DITRIK.

Hé, hé ! rien de bon, excusez-moi de vous le dire franchement. Mais vous n'avez encore qu'à questionner là-dessus le garde Kosma. Je l'ai forcé à me suivre...

LA COMTESSE TRESZKA.

Interroger ainsi un serviteur ? N'est-ce pas trop déjà que Kosma ait été témoin du crime de notre cousin ?

LE BARON DITRIK.

Hé, nous n'avons pas affaire ici au commun des gens

qu'en Italie on appelle des « ennemis payés ». Il est de notre race, Kosma ; il est de ceux qui jurent par les trois montagnes sacrées de la Hongrie ! Il est de la famille, grâce à vos bienfaits et à son dévouement ! Et puis, on n'obscurcit pas le soleil avec la paume de la main, comme disent les Slaves.

LA COMTESSE TRESZKA.

Vous avez raison, c'est un détail ! Continuons, pour mon enfant, à marcher dans toute cette boue...

Elle sonne.

SCÈNE II

LES MÊMES, UN HEIDUQUE.

LA COMTESSE TRESZKA.

Cherchez-moi le garde du comte Atthory.

LE HEIDUQUE.

Le voici...

Il se range et appelle de la main Kosma qui paraît aussitôt. Le heiduque sort.

SCÈNE III

LA COMTESSE TRESZKA, LE BARON DITRIK,
KOSMA.

LA COMTESSE TRESZKA, à Kosma.

Le baron m'a tout répété. Ta rencontre à la chasse, la

façon dont tu avais reconnu dans le comte Miklos un faux tzigane incendiaire du château de Fervar...

KOSMA, hésitant et tournant son bonnet dans ses doigts.

Ma foi, votre Grâce, je crois que l'on me fait trop parler... J'ai pu me tromper... Ça n'arrive-t-il pas à tout le monde ?

LE BARON DITRIK.

Allons, mon brave, vas-tu te parjurer maintenant ? N'as-tu pas de cœur ?

KOSMA.

Ah ! la comtesse Treszka sait bien que j'en ai, et puis que j'ai beau être chez le comte Atthory, c'est toujours à elle que j'appartiens.

LA COMTESSE TRESZKA.

Eh bien ! prouve-le moi.

KOSMA.

Ce serait facile s'il ne s'agissait que d'affronter un coup de fusil... Mais voilà, les secrets des maîtres, c'est pas l'affaire des serviteurs... Quand les petits se mêlent de parler contre les grands, ils sont bien vite pris et punis pour eux autres...

LE BARON DITRIK.

Tu m'as pourtant tout avoué à moi ?

KOSMA.

Ah ! vous m'avez entortillé, vous avez l'air si bon enfant. J'ai pas pu me retenir de me confesser...

LA COMTESSE TRESZKA.

Et pour moi, n'achèveras-tu pas ?

KOSMA, se décidant.

Il faudrait que je sois plus méchant qu'un loup pour ne pas vous être reconnaissant ! Je perdrai ma place, et pis encore, pour sûr ! Ce sera toujours à votre service ! (Se frappant la poitrine.) Allons, Kosma, puisqu'on le veut, tu parleras encore !

LA COMTESSE TRESZKA.

J'attends ! J'attends !

KOSMA.

En ma qualité de garde, j'ai pour mission de poursuivre les bêtes nuisibles. Ça ne peut jamais devenir mal, n'est-ce pas ?

LE BARON DITRIK.

Mais non ! mais non ! Fais ton devoir !

KOSMA.

Eh bien ! j'ai déjà raconté au baron ce qu'avait fait le comte Miklos au jour fatal... Ce qu'il fait aujourd'hui, le dernier valet peut le deviner...

LA COMTESSE TRESZKA.

Mon Dieu !

KOSMA.

Au fait... ma femme, Lenka, la fille de chambre de la comtesse Ilona, dont je m'étais embâté pour mes péchés, qui n'a même pas voulu quitter sa maîtresse et vivre avec moi dans la forêt, je l'ai pourtant traînée jusqu'ici. Elle vous dira mieux que moi...

LE BARON DITRIK.

Va la chercher, au lieu de bavarder.

Kosma sort.

SCÈNE IV

LA COMTESSE TRESZKA, LE BARON DITRIK.

LA COMTESSE TRESZKA.

Quelle honte !

LE BARON DITRIK.

Courage donc, comtesse ! Vous avez d'étranges scrupules. On dirait que les femmes, comme les oiseaux de nuit, ont peur de la lumière...

SCÈNE V

LES MÊMES, KOSMA, rentrant avec LENKA, qu'il jette aux pieds de la comtesse.

LENKA, à genoux.

Je ne trahirai pas ma maîtresse.

KOSMA.

Ton maître, par Dieu, c'est moi, puisque je suis ton mari ! (Lui prenant le bras, durement.) Ne m'as-tu pas avoué que c'est toi qui avais jadis introduit le comte Miklos à Fervar?

LENKA, tremblante.

Pour satisfaire la comtesse Ilona...

KOSMA.

Et depuis?

LENKA.

Ces temps derniers, hier soir encore, c'est par ma chambre...

LA COMTESSE TRESZKA.

Assez! Emmenez votre femme, Kosma. Je réponds de tout pour vous.

KOSMA.

Aux ordres de Votre Grâce! (A Lenka.) Ici, Lenka, en route! Et si tu les avertis là-bas, je te casse comme une branche de bois sec!

Il lui montre la porte d'un geste, il sort avec elle en saluant profondément.

SCÈNE VI

LA COMTESSE TRESZKA, LE BARON DITRIK.

LE BARON DITRIK.

C'est complet! et d'une limpidité parfaite! Il n'y a qu'à le tuer!

LA COMTESSE TRESZKA.

Qui s'en chargerait?

LE BARON DITRIK.

Ah! ah! qui? Eh bien, pas difficile à trouver... Moi!

LA COMTESSE TRESZKA.

Vous? le baron Mano Ditrik, notre ami intime, se battre à mort contre notre jeune cousin?

LE BARON DITRIK.

Contre un chien enragé, va-t-on chercher la garde? En tout cas il faut en finir avec lui.

LA COMTESSE TRESZKA.

C'est bientôt dit, mon ami, mais comment? (Se tordant les mains.) Rien! Pas une idée! Vais-je livrer ma propre sœur, tuer mon beau-frère, tout le premier, dans son état de santé, découvrir à ma fille de pareilles horreurs, dénoncer Miklos au mépris de notre nom? Et quels témoins à produire autres que des gens à gages? Ah! si j'avais un vrai mari, si le comte Staraÿ avait une ombre de conscience...

LE BARON DITRIK.

Avec un peu d'hypnotisme féminin, évoquez-la...

LA COMTESSE TRESZKA, avec découragement.

Une explication avec lui? Aux premiers mots il perdra patience... et moi...

LE BARON DITRIK.

Que d'hésitation encore. Figurez-vous pour une fois qu'il ait des raisons de vous croire coupable. Voilà qui me flatterait! Ce cher comte, il ressemblerait à Othello comme deux gouttes d'eau, moins la couleur et la jalousie! Croyez-moi néanmoins, le cas est pour donner une patience inaltérable à toutes les femmes. Vous ne voulez pas? Alors, je vais, moi-même, essayer de rattraper Boldi... il m'écoutera, bon gré, mal gré, j'en réponds...

SCÈNE VII

LA COMTESSE TRESZKA, LE BARON DITRIK, LE COMTE MIKLOS.

LE COMTE MIKLOS, *fort gaiement à la comtesse qui s'est avancée pour l'arrêter, puis se rassoit à une table comme pour écrire, sans la regarder et cherchant à se contenir.*

Hier, chère cousine, vous avez trouvé peu dans votre voix la romance de Holmès que j'avais apportée... j'ai passé la nuit à la transposer... La voici... (*Il dépose la romance sur la table.*) Etelka pourra la chanter aussi...

LA COMTESSE TRESZKA.

Merci... vous permettez... une dernière lettre...

LE BARON DITRIK, *intervenant.*

Quel précieux cousin! Quelle légion de cousins à lui tout seul! Et les jolies leçons de galanterie à l'adresse des jeunes qui ne vivent que pour la chasse et le jeu!

LE COMTE MIKLOS.

Ne me raillez pas, cher baron. (*La comtesse quitte enfin la table, en s'efforçant de paraître calme Miklos remarquant l'altération de ses traits regarde alternativement elle et le baron.*) Mais je suis un maladroit d'être entré chez vous sans crier gare, vous paraissez tout émue...

LA COMTESSE TRESKA.

Que voulez-vous dire? Puisque le baron est là, vous voyez bien que ma porte est grande ouverte. Je me serai trop fatiguée dans la matinée pour ce maudit bal...

LE BARON DITRIK.

Nous vous laissons, comtesse! (*S'approchant d'elle, bas.*) Voyons d'abord si Kosma ne s'est pas trompé en croyant avoir affaire à lui. (A Miklos.) Viens faire un tour à la salle d'armes Tu ne me trouveras pas trop vieux jeu. Mon dernier duel ne remonte qu'à deux ans, et pour une cause bien futile. Aussi ne gratifiai-je mon adversaire que d'une simple estafilade... Tiens là! (Il saisit Miklos en relevant le poignet droit de sa chemise. Miklos pousse un cri de douleur. Sans le lâcher, Ditrik montrant la cicatrice qui sillonne l'avant-bras droit de Miklos et que la comtesse constate en se penchant vivement.) Ah! ah! l'ami, toi aussi, une rude balafre! Cela doit remonter à l'an dernier. Parions qu'il y avait quelque sirène sous roche?

LE COMTE MIKLOS, hésitant.

Un mauvais plaisant... Enfin, je n'ai pas l'usage de mon bras.

LE BARON DITRIK.

Nous irons doucement... Comtesse, ayez la bonté de nous envoyer des nouvelles de votre migraine! (Il pousse devant lui Miklos qui prend congé de la comtesse par un salut courtois. A ce moment, Etelka entre et court les mains tendues au-devant de Miklos. Le baron, prenant Miklos au collet et l'entraînant de nouveau.) Ne soyons pas indiscrets!

SCÈNE VIII

LA COMTESSE TRESZKA, ETELKA.

ETELKA, désappointée.

Où s'en vont-ils, si pressés?

LA COMTESSE TRESZKA.

Je les ai congédiés, j'avais besoin de repos.

ETELKA.

Et moi?

LA COMTESSE TRESZKA.

Demeure!

ETELKA.

Oh! tant mieux! Je te distrairai! La tête me chante, je ne sais pourquoi, par ces frimas (Se mirant devant une glace.) Quelle heureuse grande fille je fais! J'ai la meilleure des mères, je suis belle comme ma patrie, blanche comme la puzta neigeuse, j'ai des yeux de printemps et des cheveux aux reflets dorés comme des fougères d'automne!...

Elle embrasse sa mère.

LA COMTESSE TRESZKA.

Les jolies phrases, et si modestes!

ETELKA.

Elles sortent toute seules de mon cœur...

LA COMTESSE TRESZKA.

Ou de celui d'un autre...

ETELKA, après avoir regardé sa mère et hésité.

Peut-être bien... Si tu me le demandes.

LA COMTESSE TRESZKA.

Le temps n'est-il plus où tu m'apportais la première tes pensées, tes sentiments à peine éclos, comme de jeunes passereaux tombés de leurs nids?

ETELKA.

Je te les offre encore, mes rêves nouveau-nés. Si je ne

te confiais rien jusqu'ici, c'est que je ne m'étais presque rien
avoué à moi-même...

LA COMTESSE TRESZKA.

Ah ! Tu ne vas donc plus me jurer que tu ne te soucies
que de ta mère ?

ETELKA.

Est-ce que je savais? J'étais si niaise autrefois... hier!
(S'agenouillant auprès de Treszka.) D'abord, maman, je t'adore et
t'adorerai toujours autant. Que dis-je? Bien plus, puisque
nous serons deux personnes en une seule pour te chérir.

LA COMTESSE TRESZKA.

Tu ne peux te douter de mon supplice et du chagrin que
tu me causes...

ETELKA, se relevant.

Veux-tu renier ce que tu me répétais sans cesse? Ne me
pressais-tu pas de me marier? Tu n'irais pas contre mon
penchant, à moins que...

LA COMTESSE TRESZKA.

A moins qu'il ne fût indigne de nous...

ETELKA, riant.

En ce cas, rassure-toi !... Celui qui m'aime... et que
j'aime depuis que je le connais, ce dont je me suis aperçue
dès qu'il m'a dévoilé son amour...

LA COMTESSE TRESZKA.

C'est Miklos !

ETELKA.

Il te l'a raconté? Miklos a mal agi, nous n'en étions pas
convenus...

LA COMTESSE TRESZKA.

Non, mon enfant, il n'a pas eu cette audace.

ETELKA.

C'est ma tante, alors, qui nous mangeait des yeux hier soir! Elle en a menti quand elle s'est vantée d'être la confidente de Miklos!

LA COMTESSE TRESZKA, vivement.

Tu crois? (se contenant.) N'importe! Nous avons à traiter autrement de tout ceci... Tu sais que ma vie, c'est toi... que je sacrifierais tout pour t'épargner une douleur...

ETELKA.

Voilà que vous me faites trembler...

LA COMTESSE TRESZKA.

Tu fais bien d'avoir peur, si tu dois m'écouter... Ne pense plus à Miklos... que nous nous arrangerons pour ne plus recevoir.

ETELKA.

Parce qu'il compte demander ma main? En quoi cela vaut-il une telle colère? Lui que tu choyais, tout à coup tu vas le traiter de nouveau comme un paria? Je ne comprends pas...

LA COMTESSE TRESZKA.

Celui-là est, en effet, indigne...

ETELKA.

Ah! Dieu le père viendrait me le dire que je ne le croirais pas!

LA COMTESSE TRESZKA.

Si tu n'as plus confiance en personne, on te donnera des preuves, dès qu'on pourra le faire sans causer de malheurs.

ETELKA.

Des mensonges qu'on inventera ! (Riant nerveusement.) J'y suis,
encore la tante Ilona, qui le déteste ! Appelle Miklos, il se
justifiera bien vite...

LA COMTESSE TRESZKA, sévèrement.

Tu ne reverras pas Miklos ! Ce n'est plus l'amie qui te
parle, c'est la mère qui commande !

ETELKA.

Si je suis forcée de vous obéir, vous ne me changerez pas...
Miklos sera mon mari ou personne !

LA COMTESSE TRESZKA.

Que d'autres ont tenu le même langage.

ETELKA.

Je ne suis pas comme les autres ! Et c'est vous qui en
êtes cause. C'est à vous que je dois de croire au premier, au
seul amour, et de ne vouloir vivre que pour le bonheur !
Eh bien ? pourquoi le tuer ? (Fondant en larmes.) Je souffre ! je
souffre ! Que devenir ! C'est révoltant ! Sainte Vierge,
sauvez-moi de là ! Je cours prier pour que tout se découvre,
qu'on se réveille de ce cauchemar !

LA COMTESSE TRESZKA.

Prie aussi de ma part.

ETELKA.

Oh ! pas à vos intentions !...

Elle sort en pleurant.

SCÈNE IX

LA COMTESSE TRESZKA, seule.

Que faire, alors? Nul ne s'inquiétait de moi, jadis. Ce fut pour mon malheur. Et voilà que sur la pauvre petite plante gardée jalousement, l'étincelle dévorante vient quand même s'abattre! Les autres avaient-ils raison? Devrai-je avoir des remords pour ma récompense? (On entend frapper.) Qui frappe?

SCÈNE X

LA COMTESSE TRESZKA, LE COMTE BOLDI STARAŸ.

LA COMTESSE TRESZKA.

Je ne vous croyais plus ici?

LE COMTE BOLDI.

Je ne suis pas parti. Rien à tirer de mes fermiers. D'où la nécessité de vous entretenir de quelques fâcheuses affaires. Et Ditrik me saisit au passage pour m'en conter de plus désagréables encore!

LA COMTESSE TRESZKA, très doucement.

J'en suis fâchée pour vous, monsieur... Vous m'accorderez que je n'abuse pas des occasions d'invoquer votre autorité paternelle. C'est même la première fois que j'en use.

LE COMTE BOLDI.

Il paraît que votre gouvernement n'a pas été des plus sages, puisque vous voici forcée de recourir à mon intervention.

LA COMTESSE TRESZKA.

Je n'ai jamais prétendu que l'aide d'un chef de famille ne pût m'être utile et même nécessaire... Il a fallu m'en passer.

LE COMTE BOLDI, avec violence.

Vous auriez bien dû continuer, au lieu de me mêler à vos charmantes histoires. Est-ce ma faute, si vous avez parmi les vôtres des brebis galeuses ? Les Staraÿ sont-ils en question par hasard?

LA COMTESSE TRESZKA, s'échauffant à son tour.

Oui, certes. Il est un des Staraÿ pour le moins que je puis accuser, comte Boldi.

LE COMTE BOLDI.

Celui-là vous a gratifiée de votre liberté... Nous sommes quittes !

LA COMTESSE TRESZKA.

Non... pas de la liberté... de l'abandon, s'il vous plaît. Enchaîner une femme à votre nom avec les devoirs qu'elle devait prendre au sérieux, sous peine d'infamie, condamner sa pauvre jeunesse à s'écouler sans retour dans la déception et le désespoir, de votre côté, lui faire banqueroute de fidélité, d'appui, d'égards même..., appelez-vous cela de l'équité?

LE COMTE BOLDI, avec un geste de menace comme pour se fâcher tout à fait, puis se ravisant.

Que voulez-vous ? C'est votre faute, après tout!

LA COMTESSE TRESZKA.

Ma faute ?

LE COMTE BOLDI.

Eh oui ! Laissez-moi vous parler franchement, moi
aussi...

LA COMTESSE TRESZKA.

Franchement, n'est-ce pas ?

LE COMTE BOLDI.

Certes !... Quand je vous épousai, j'étais tout de bon
amoureux de vous. — Oh ! il n'y avait là de ma part rien
d'étonnant. Je m'y connais... Je vous trouvais très belle, la
plus belle dans tout le bataillon sacré des jeunes Magyares,
et ce fut avec un vrai bonheur que je vous conduisis au saint
autel... Mais voilà,... excusez-moi d'entrer dans des détails...
qui pourront vous effaroucher... Après les premiers temps
d'un enchantement que je devais me croire, sans trop de
fatuité, appelé à vous faire partager un jour, vous devintes
plus insensible et plus désespérante qu'un de ces chefs-
d'œuvre de marbre, ornement des jardins de Schönbrunn.
Il fallut bien me détacher de vous, froissé dans mon amour...
et dans mon amour-propre... Que ne vous montriez-vous
tendre, séduisante ?... Il vous eût été si facile de me gagner,
avec tous les dons que la nature vous avait prodigués...

LA COMTESSE TRESZKA.

Ah ! Vous ne vous êtes pas demandé d'où pouvait provenir
ma froideur ?

LE COMTE BOLDI.

Ma foi si ! Je me suis répondu que je ne réussissais pas à
vous plaire... Une telle nature d'artiste ! Me compariez-vous
à l'idéal qui vous échappait ? ou tout bonnement quelque

souvenir me nuisait-il auprès de vous ? J'hésitais sur le point
de savoir si j'étais ou non la seule cause de mon peu de
chance...

LA COMTESSE TRESZKA.

Quelle créature sans vergogne comptiez-vous donc trouver
en moi ? Étais-je une malheureuse ramassée par charité
pour me soumettre quand même à ce joug honteux ?

LE COMTE BOLDI, reprenant sa violence.

Vous qualifiez étrangement les droits d'un époux... Je ne
parviens pas à comprendre ce qui dans mes façons...

LA COMTESSE TRESZKA.

Oh ! monsieur, pas d'équivoque, et n'oubliez pas à qui
vous parlez...

LE COMTE BOLDI.

Soit ! Mais en tout cas, ce n'est guère obligeant pour
moi... (Se reprenant à la douceur.) Voyons ! Je ne veux pas m'ir-
riter ni vous être désagréable, — au contraire, mon désir est
de me rapprocher sérieusement de vous. — Nous sommes
assez jeunes encore pour faire un bon ménage... Vous êtes
cent fois mieux aujourd'hui que vous ne l'étiez à seize ans ;
vos yeux ont pris une plus charmante expression ; la même
chevelure vous pare, vos traits se sont grandement ennoblis ;
— vous avez toujours le port d'une Diane... dont je ne rêve
que de faire une Vénus. Pour ma personne, en dépit d'une
existence... un peu fatigante, on veut bien à cette heure me
tenir pour digne de quelque succès... Consentiriez-vous à
ce que nous tâchions de dissiper le malentendu ? Me per-
mettez-vous de vous faire la cour, plus en amant qu'en mari ?

LA COMTESSE TRESZKA, ironique.

Vous me tentez vraiment ! Et je ne doute pas de votre

sincérité !... (Froidement.) A moins que, d'après vos premiers mots de tout à l'heure, vous n'espériez rencontrer ici plus de succès... qu'auprès de vos fermiers...

LE COMTE BOLDI, rageusement.

Décidément, vous êtes insupportable!... Je vous le répète, vous n'avez jamais su, vous ne saurez jamais me prendre !

LA COMTESSE TRESZKA.

C'est ce que me disait votre mère, à qui j'ai bien voulu ne pas répondre par des détails édifiants. Et vous osez me proposer ?... Mais expliquons-nous donc, enfin... A Venise, en notre voyage de noces, qui donc aviez-vous emmenée dans vos bagages, établie en face de nos fenêtres ? Qui voyais-je à la Fenice dans une loge voisine de la nôtre ? Ne l'avais-je pas croisée en gondole, cette maîtresse, ornée de mes bijoux que vous m'aviez conté vous avoir été volés ? Et plus tard, les femmes qui s'en allaient en éclaboussant nos amis... trop bavards, trôner au Prater dans mes propres voitures ? Pas un jour, depuis que j'eus le malheur de vous épouser, vous n'avez cessé vos fêtes scandaleuses, sauf quand vos poches vides vous ramenaient, comme aujourd'hui, dans vos terres, pour y vautrer vos lassitudes ou courtiser mes filles de chambre, en déchaînant sur ma patience vos rancunes déplacées et vos colères injustes. J'ai du sang dans les veines, comte Boldi ; croyez-moi, ce fut héroïque ce silence de dix-huit années !!

LE COMTE BOLDI.

Je vous avais donné votre fille !

LA COMTESSE TRESZKA, se reprenant.

Ah! oui, ma fille ! Eh bien, pour elle, aujourd'hui, j'abdique toute fierté, je vous supplie ! Sauvez-la-moi. Je vous tiens pour quitte alors! Vous, son père, vous passez à quelque droit pour être un gentilhomme brave, magnifique, n'ayant jamais enfreint les lois de l'honneur mondain... Nous seules, ferons-nous vainement appel à votre orgueil... à votre cœur?

LE COMTE BOLDI, hésitant.

Au fait... que désirez-vous au juste, de votre côté?

LA COMTESSE TRESZKA.

Que vous chassiez loin d'ici celui dont l'infernale rouerie nous avait trompés, votre mère la première, tous... sauf le vieux comte Andor. .

LE COMTE BOLDI.

Soit! dans un instant, vous serez satisfaite. Mais puisque là doit se borner notre tête-à-tête, nous causerons ensuite des difficultés qui m'amènent à Staraÿ, n'est-ce pas? Je vous avertis que le chiffre..,

LA COMTESSE TRESZKA, haussant les épaules.

Ensuite, tout ce que vous voudrez!

Le comte sonne.

SCÈNE XI

LES MÊMES, UN HEIDUQUE.

LE COMTE BOLDI.

Prévenez le comte Miklos que je l'attends.

LE HEIDUQUE.

Le comte Miklos faisait demander Votre Grâce.

LE COMTE BOLDI.

Allez !

Le heiduque sort.

SCÈNE XII

LES MÊMES, moins LE HEIDUQUE.

LA COMTESSE TRESZKA.

Vous avez dans les mains la vie de votre enfant! Prenez
garde à Miklos... que Dieu vous inspire!

Elle se retire dans sa chambre.

SCÈNE XIII

LE COMTE BOLDI, assis et allumant une cigarette prise dans une
coupe, LE COMTE MIKLOS.

LE COMTE MIKLOS entre en tendant la main au comte Boldi qui n'avance
pas la sienne : sans paraître le remarquer, il prend aussi une cigarette, l'allume et
s'installe dans un siège près de celui du comte.

Enfin ! te voilà ! Tu vas nous dérider un peu! Toujours
dominant la vie, superbe, le plus beau des joueurs, à tous
égards... Et tu as un fier tempérament, car depuis peu,
si je ne me trompe, l'amour et le hasard ont été cruels.

LE COMTE BOLDI, jetant sa cigarette.

Qui t'a dit? Mais je te dispense de ces détails, et tu feras

5

bien, par-dessus le marché, de chercher d'autres passe-
temps que ceux que je pourrais t'offrir...

LE COMTE MIKLOS.

Oh! oh! quel exorde! On m'a changé mon Boldi!

LE COMTE BOLDI.

Trêve aux plaisanteries. Tu me connais. D'habitude, je
n'y vais pas par quatre chemins : je te serai reconnaissant
de te faire pendre ailleurs. Ta malle, ton manteau, et l'on
te conduit à la première station... dont tu auras soin d'oublier le nom comme désormais inutile à ton service.

LE COMTE MIKLOS, se levant.

Si tu n'étais pas mon cousin et surtout le père d'Etelka...

LE COMTE BOLDI.

Tu la nommes? Je te prie de l'oublier également, celle-
là, et de ne plus venir mettre le feu ni à fille ni à
château...

LE COMTE MIKLOS, très calme.

Quelles folies! Mon cher Boldi, avant de t'obéir, je vais
prendre sur moi de te donner l'explication d'un complot,
dont, par veine, la comtesse Ilona vient de me toucher
deux mots. Assez ingénieuse, au reste, leur invention.
Après quoi, si tu ne reviens pas sur tes paroles, il sera toujours temps de nous couper la gorge...

LE COMTE BOLDI.

Tu comptes me prouver que tu as noblement agi en
incendiant la maison de tes pères, misérable?

LE COMTE MIKLOS, lui tenant tête.

Pas d'épithètes, si tu veux que je ne perde pas patience!

Et entends-moi. Sais-tu qui m'accuse ? Pas d'autre qu'un certain Kosma, que l'on eut la belle idée d'investir à Krasna-Horka des fonctions de garde-chasse. Tu le connais...

LE COMTE BOLDI, *se rasseyant et allumant une autre cigarette.*

Du diable, si jamais...

LE COMTE MIKLOS.

Je vais le rappeler à ton souvenir : un de tes petits voisins à Fervar, que tu défiguras l'an dernier à coups de crosse, et que tu laissas quasi pour mort... Il t'a juré une haine implacable... Ne trouves-tu pas bizarre que ta femme, qui t'aime tellement... à la connaissance de chacun, ait fait introduire cet individu dans le domaine de votre beau-frère?

LE COMTE BOLDI.

Tu es fou avec tes insinuations! Si ce Kosma m'en veut, à moi, que ne m'a-t-il logé quelque balle dans le dos, du fond d'un buisson?

LE COMTE MIKLOS.

Il n'a pas dit non... mais c'est dangereux pour lui.

LE COMTE BOLDI.

Pourquoi s'adresser à toi?

LE COMTE MIKLOS.

Pour faire d'une pierre deux coups, car nous avons également un compte à régler, lui et moi. Maintenant, afin que tu comprennes, force est de me confier à ta discrétion, comme à ton grand esprit, assez dépourvu de préjugés, après tout. La cousine Ilona, dépouillée, comme moi, comme toi-même, par ce vieux maniaque de comte Andor, m'avait précisément, le fameux jour, fait entrer en secret au château, déguisé en tzigane, sous la conduite de sa camériste Lenka. C'était pour me mettre au courant...

LE COMTE BOLDI, ironique, avec un gros rire.

Vraiment! Tu t'occupes aussi de celle-là? Ma foi, j'en suis ravi pour cet animal d'Ivan Atthory! C'est égal, mon cher, tu as étonnamment l'esprit de famille.

LE COMTE MIKLOS.

Oh! sur ma parole... Ilona est une dangereuse coquette avec qui je ne me soucierais pas d'entamer le jeu! Bref, au moment où je sortais de Fervar, je me heurtai contre la horde des tziganes. Au lieu de me ranger, soit curiosité, soit folle témérité, je rentrai derrière ces gens, profitant de l'accoutrement qui me confondait avec eux. C'est ici le curieux de l'histoire. Croirais-tu que je vis de mes yeux celui qui me dénonce aujourd'hui, ce traître de Kosma, se plaisant à attiser les flammes, que je me jetai sur lui pour le prendre, et qu'il me coupa le bras d'un coup de sabre? Les pandours arrivaient. Assommé par ma blessure, entraîné, je me retrouvai des heures après, sortant d'évanouissement, au milieu du parc...

LE COMTE BOLDI.

Comment n'as-tu pas témoigné?

LE COMTE MIKLOS.

Que fais-tu du grand esprit que je t'attribuais? Comment justifier ma présence et mon costume? Savais-je d'abord contre qui j'avais lutté, dans la surprise et le tumulte? Lorsque je m'aperçois dernièrement que mon assassin n'est autre qu'un garde actuel d'Ivan Atthory, et, de plus, l'époux de notre confidente Lenka. Un mot suffirait pour perdre Ilona, grâce à la jalousie de son mari, si dangereuse à éveiller...

LE COMTE BOLDI.

Ouais! Tu as une façon à toi d'accommoder les choses... Me prendrais-tu pour ta dupe?

LE COMTE MIKLOS.

Être la dupe de tes ennemis, préférer les dires de la valetaille à ceux de ton cousin, je ne te le conseille pas. En tout cas, pour laisser à ce vindicatif animal le temps de réfléchir... (Avec un geste équivoque.) et de disparaître, je me sacrifie provisoirement. Pas de chance, car enfin j'adore ta fille et j'ai la certitude de ne pas lui être indifférent! Si Etelka tombe malade, qu'importe à la baronne Ditrik... (Mouvement du comte Boldi.) pardon, je voulais dire à ta femme, pourvu qu'un ami clairvoyant et dévoué ne soit plus là pour contrarier leurs plans? (Miklos se lève et se rapprochant du comte, tout en baissant la voix après avoir regardé du côté de la chambre voisine.) Toutefois, avant de te faire mes adieux, je compte que tu ne me refuseras pas la grâce de te rendre un dernier service. Tu as perdu l'autre soir à Vienne, contre Rosenthal, une somme énorme que tu n'as pas payée... Le drôle t'a du même coup pris la Choïnska... et tu ne peux pas le souffleter! Tiens! (Il prend un papier dans son portefeuille.) Voici un chèque de cent mille florins signé comte Ivan Atthory... C'est pour toi.

LE COMTE BOLDI, se redressant sur son fauteuil, à demi-voix aussi.

Ah! je ne puis accepter, mon cher... Comment ferions-nous pour justifier?

LE COMTE MIKLOS.

Rien de plus simple, si je devenais ton gendre. Au reste, cette somme n'est que la boule de neige amassée par moi-même sur les chétives avances de ton beau-frère. Elle peut avoir fondu! Ah! çà, je ne te reconnais plus, Boldi! As-tu peur de tenir ce gueux de juif au bout de ton arme?...

LE COMTE BOLDI, se levant.

Une infernale dette d'honneur... Il le faut. Et ma ven-
geance... Et la joie d'envoyer promener ma sotte femme!...
Donne! (Il saisit le chèque. Réfléchissant.) Je ne puis forcer la comtesse à te garder auprès d'elle, mais je ne suis pas obligé
non plus de faire le malheur de ma fille... Elle t'aime,
dis-tu?... Nous le verrons bien! Entendez-vous ensemble.
Prends-la. imbécile, amène-la-moi, je te promets mon
consentement.

LE COMTE MIKLOS.

C'est bon, merci!... A bientôt! (Il va pour sortir et revient.)
Au fait, je pars avec toi. Je puis t'être utile à Vienne, dans
toutes ces complications... Dis-donc! En route, nous ferons
bien d'être armés... On ne sait qui l'on peut rencontrer...

                                        Il sort.

SCÈNE XIV

COMTE BOLDI, LA COMTESSE TRESZKA

sortant de sa chambre, très émue, s'avance en regardant fixement Boldi.

LE COMTE BOLDI, brusque.

Ma chère, vous êtes une folle! Pas un mot n'est vrai dans
vos commérages. Le baron Ditrik aussi me paiera de se
mêler impudemment de ce qui ne devrait pas tant le regarder! Vous voulez désespérer Etelka, quand elle en tient
pour un galant homme, sur ma foi... Il ne fallait pas les
laisser flirter... Débrouillez-vous toute seule, comme va le
faire votre serviteur! Miklos et moi, nous commençons par
vous débarrasser de notre présence. (Il sonne. Un heiduque paraît.)
Faites atteler les grands trotteurs au traîneau, je vais pren-

dre l'express du soir... Ah! mettez des carabines... nous aurons peut-être l'occasion de nous en servir. Bonsoir.

Il sort avec le Heiduque.

SCÈNE XV

LA COMTESSE TRESZKA, seule.

Il ne m'a rien demandé... Alors?...

Deuxième Tableau.

Lisière de forêt par temps de neige. — La hutte du garde sur la gauche, Prairies à droite.

SCÈNE PREMIÈRE

ANNA, la vieille mère de Kosma, **KOSMA**.

ANNA, sortant de la hutte avec un bol, tandis que Kosma est assis sur un tronc d'arbre contre lequel est son fusil.

Où es-tu, mon cher fils? Assis dehors, par ce froid?

KOSMA, riant doucement.

Eh! mais il faut bien! Crois-tu donc que nos seigneurs

aient deux sortes de gardes, les uns pour le beau temps, et les autres fabriqués exprès pour résister aux frimas? C'est par les ténèbres, l'orage ou la neige qu'il importe de surveiller les rôdeurs.

ANNA.

Prends vite, mon ami, cela te réchauffera. Il convient à ta vieille mère de veiller à tes besoins, puisque ta femme se trouve trop mignonne pour s'acquitter de sa tâche.

KOSMA, qui a pris le bol et boit.

Merci, bonne mère! Si je ne t'avais pas là, que deviendrais-je? Ah! pourquoi ne pas t'avoir écoutée? Que veux-tu? J'ai eu mon jour de folie!... Je crois bien aussi que Lenka tenait plus que moi-même à ce maudit mariage! Et puis, elle m'a ensorcelé. J'ai fini par croire à son amour, à ses belles paroles, moi, pauvre hère qui ne connaissais pas les cajoleries!... Elle était d'une telle élégance, avec ses façons prises aux grandes dames...

ANNA.

Je n'ai rien à te reprocher, tu suivais la loi commune. A quoi pouvait servir ma prévoyance?

KOSMA, soupirant et crispant la main sur son cœur.

Possible qu'on souffre encore un peu, ma foi. Mais on en est revenu... Enfin, la comtesse Treszka avant tout! Que Lenka ne s'avise plus de trahir pour des coquins, ou sinon...

ANNA, haussant les épaules.

Elle n'irait pas s'en vanter, vois-tu bien...

KOSMA.

Elle a peur de moi, ça suffit.

ANNA.

Hélas, elle est ta femme ! Tout de même, puisque tu n'es plus sous le mauvais charme, quitte cet air soucieux. Qui pourrait, avec l'aide de Dieu, chagriner un brave serviteur comme toi, qui ne manque à rien et que tous estiment ?

KOSMA.

Oui, l'aide de Dieu ! Mais il ne lui plaît pas toujours de la donner aux bons ! Tiens, je m'attends à quelque guet-apens ! Ce n'est pas pour moi que j'ai crainte, mais pour celle qui ne saurait pas non plus se passer de son fils. Si j'ai la conscience nette, il en est de troubles autour de nous, avec qui nous avons à compter... Sais-tu ? Hier soir, dans les brumes, j'ai vu devant moi, comme je te vois, le chasseur gris de Krasna-Horka. Il tendait vers moi son long bras de fantôme, pour me menacer ou m'avertir...

ANNA, se signant.

Pourquoi le ciel n'écouterait-il pas la voix d'une mère ? Advienne ce qu'il lui plaira, Kosma ! Si tu penses à moi, que ce ne soit que pour servir, fût-ce au péril de ta vie, celles à qui je dois de t'avoir revu !

SCÈNE II

Les Mêmes, LENKA, coquettement encapuchonnée, un panier au bras.

LENKA.

Bonjour, mère Anna ! (Elle dépose le panier sur le tronc d'arbre.) Voici des friandises et de bon vieux vin pour vous autres ! (Elle déballe les provisions qu'elle met à côté de Kosma sur le tronc d'arbre.) Brr ! C'est gentil ça, de ma part, avec le froid qu'il fait !

5.

ANNA, d'un ton rogue.

Faudrait remercier, si l'on savait au juste le but de ta venue ! Tu ferais mieux d'être dans ton ménage, au lieu d'apporter de là-bas les restes des laquais... Préparés par une femme fidèle, de grossiers aliments auraient meilleur goût que ceux-ci.

LENKA, riant.

Ceux-ci sont apportés par la plus tendre des femmes ! Eh, mère Anna, vous seriez bien fâchée si je vous enlevais tout à fait votre fils. Vous préférez avoir à me gronder, n'est-ce pas ? (A Kosma, lui mettant gentiment une main sur l'épaule.) Mon brave, mon beau Kosma, tu sens bien que je t'aime... Ne t'ai-je pas mis tout de suite au courant de nos secrets ? Ne t'ai-je pas obéi auprès de la comtesse Treszka ? De quoi m'en voudrais-tu ? Est-ce que je pouvais quitter ma maîtresse, tout à coup, là, sans crier gare ? Je lui suis attachée, à elle aussi, et je dois l'être, depuis si longtemps qu'elle est bonne pour moi. Me suis-je montrée jalouse de la ferveur que, de ton côté, tu témoignes à ta déesse, à ta comtesse Treszka ?

KOSMA.

Pas un mot sur celle-là ! Au moins, avec elle, il n'est pas question de rôle infâme, comme celui que tu joues auprès de l'autre.

LENKA.

Dans notre intérêt, dans le tien ! Je n'ai rien à me reprocher, ses actions ne me regardent pas ! Tu me sauras gré le premier, quand, grâce à elle, nous serons installés dans quelque belle ferme, où je serai toute à toi. Pour commencer, voici ce que je t'apporte de sa part. (Elle lui tend une lourde bourse.) Et si tu veux entrer dans ses vues, elle s'engage à t'en donner dix fois plus.

KOSMA, jetant la bourse.

Bec mielleux! Crois-tu que je sois homme à succomber à de pareilles tentations? Me prend-on pour un misérable ou pour un niais à s'imaginer qu'on lui fasse tous ces cadeaux pour un motif avouable? D'abord, regarde-moi! (La secouant par le bras.) Tu as donc eu la sottise de parler, que l'on t'a chargé d'acheter mon silence?

LENKA, s'inclinant humblement.

Ah! Jésus! Comment supposer? J'aurais été bien simple en vérité d'aller nous dénoncer tous deux! La comtesse Ilona ne sait rien.... sans quoi, ce lui serait facile de prendre avantage sur nous... et de nous faire chasser... C'est pour l'avenir qu'elle désirait...

KOSMA.

Tais-toi... va-t'en! N'oublie pas les ordres que je t'ai donnés... Tu pleurerais amèrement le jour où tu m'aurais trompé, je t'en avertis de nouveau...

LENKA, câline.

Mon petit mari, conduis-moi dans ta cabane, auparavant...

KOSMA.

Elle n'est pas assez belle pour toi. Fallait pas avoir honte d'y demeurer.

LENKA.

Un petit moment, que je me sèche et me réchauffe. (Retroussant ses jupes.) Tiens! J'ai des livres de glaçons à chaque pied.

KOSMA, ému mais résistant.

Je n'ai pas le temps de m'occuper de ta toilette... et je

ne me soucie pas que ma hutte reste imprégnée des odeurs fades que tu dérobes à ta maîtresse. Réchauffe-toi en courant, et fais-toi dorloter au château par tous tes amis...

LENKA, ramassant lestement la bourse.

C'est toi qui me le conseilles?... Enfin, voilà qui s'appelle une longue visite... et un délicieux accueil! Une fille de brasserie qui vous apporte votre manger... et qu'on ne retient pas!... En attendrais-tu quelque autre?... (Mouvement de Kosma.) Là, ne t'impatiente pas... Je m'envole... Au revoir donc, mon cher Kosma. Tu es brutal pour ta petite femme qui t'adore... et que tu aimes... sans en convenir. (Souriant avec coquetterie.) Tout de même, quand tu en auras assez de trimer sur la neige, reviens à sa chambrette. Tu trouveras un gai foyer, un flacon de vieil arak... et, quoique tu ne le mérites guère, l'accueil réservé à l'amant le plus chéri... (Elle lui envoie un baiser. — A la cantonade.) Imbécile avec ses scrupules! Pas mal tout de même, Lenka! Ton tyran pourra se faire de loin comme de près autant d'illusions que le comte Ivan!

Elle sort.

SCÈNE III

ANNA, KOSMA.

ANNA, avec un soupir.

A notre provision de bois, maintenant! Ne te laisse pas engourdir au dehors...

KOSMA.

Dès que mes troupeaux de daims auront rallié les couverts, je rentre pour activer le feu...

Anna s'éloigne.

SCÈNE IV

KOSMA, seul.

Il nettoie son fusil en chantonnant, inspecte des yeux la prairie, puis revient s'asseoir et allumer sa pipe.
On entend un coup de feu à petite distance. Kosma bondit sur ses pieds, saisit son fusil et s'élance vers la clairière.

KOSMA.

Par le diable, la plus belle de mes bêtes a culbuté. Qui se permet en plein jour?... Halte-là... ou je vous arrête de vive force.

SCÈNE V

LE COMTE BOLDI STARAŸ, LE COMTE MIKLOS,
un peu en arrière, tous les deux le fusil en main. KOSMA.

LE COMTE BOLDI.

Ah ça, drôle, tu nous menaces? Un peu plus, et tu tirais sur les maîtres!

KOSMA, retirant son bonnet.

Faites excuse, monsieur le comte! Je suis à mon poste... Personne ne m'avait averti.

LE COMTE BOLDI.

Oui-dà, mon homme... Vais-je avoir besoin de ta permission pour abattre un daim chez mon beau-frère?

KOSMA.

Je ne dis pas ça... seulement, pour éviter un malheur, c'eût été plus prudent...

LE COMTE BOLDI.

Un malheur! Par chance, nous étions à trop petite portée, hein?... Tu n'aurais pas été fâché, je gage, de mettre un méchant coup sur le compte d'un malentendu? Peste soit de la faiblesse du comte Ivan, à recueillir comme garde une sorte de mendiant, un braconnier... au risque de le voir se venger traîtreusement, à la première occasion, de la correction méritée dont ses joues et son nez ont dû conserver l'empreinte.

KOSMA, tourmentant colèrement son fusil dans ses mains puis tout à coup prenant sur lui et allant le déposer contre un arbre.

L'époux de Sa Grâce la comtesse Treszka peut me parler sur le ton qu'il voudra. Je n'ai pas le droit de répondre.

Il se croise les bras et baisse la tête.

LE COMTE MIKLOS, ricanant.

Bien, très bien, mon gaillard! Ainsi ton affaire est manquée pour aujourd'hui. Ta langue de vipère est plus assurée que ton bras... et si tu n'as pas peur d'aller nous calomnier bassement auprès des femmes, tu renâcles à nous tenir tête... Tout cela marche de pair.

KOSMA, se redressant.

Quant à certaines gens, ce n'est pas l'impudence qui leur manque, comte Miklos! Vous n'êtes pas sans vous souvenir que je ne boude pas à me jeter sur un malfaiteur, quand même son arme est braquée sur ma poitrine?

LE COMTE MIKLOS.

Allons, tu veux soutenir ta fable! Tu n'étais pas si fier le jour où tu me frappas lâchement et te sauvas à travers le château pour échapper au juste châtiment qui t'attendait...

KOSMA, s'échauffant.

Je rêve à de pareils mensonges! Vos jambes doivent trembler encore de ma poursuite, et vos oreilles tinter de mes cris contre le voleur et l'incendiaire!

LE COMTE MIKLOS, se retournant tranquillement vers le comte Boldi.

Sera-t-il longtemps permis à ce gredin de jouir de l'impunité, de toucher notre argent pour nous débiter de pareilles faussetés? Le pendard! Il ose parler d'incendiaire, de voleur... et tiens, regarde, mon cher Boldi (Il désigne les provisions étalées sur le tronc d'arbre.) le voici prêt à se gorger des dépouilles de nos cuisines et de nos caves que lui apporte sa vieille gueuse de mère!

KOSMA, furieux.

Ignoble calomniateur! Tu te permets de souiller de ton venin le nom de ma mère... attends!

Il se baisse et saisit son fusil.

LE COMTE BOLDI.

Ça ne traîne pas, la révolte! (Ajustant Kosma.) Légitime défense!

Il tire. Kosma porte la main à sa tête, chancelle et tombe lourdement à terre.

LE COMTE MIKLOS.

Merci, vivement tiré! L'œuvre de justice n'est pas finie. Si nous n'achevons pas l'ennemi, c'est la mort tôt ou tard pour nous-mêmes. A tout hasard...

LE COMTE BOLDI.

Va donc! Est-ce que cela compte, une espèce pareille?

SCÈNE VI

LES MÊMES. Au moment où Miklos met en joue paraît la COMTESSE TRESZKA accompagnée d'un HEIDUQUE.
> Elle se précipite devant le fusil.

LA COMTESSE TRESZKA.

Tirez donc sur moi ! Fi ! Des magnats hongrois, se mettre à deux pour assassiner un pauvre diable qui fait son devoir !

LE COMTE BOLDI.

Toujours les femmes à se mêler de ce qui ne les regarde pas, à prendre parti contre les leurs ! C'est ce bel ami qui voulait nous expédier... Nous avons dû le devancer...

LA COMTESSE TRESZKA.

Je vous dis, moi, que je répondrais de cette homme et qu'il n'était pas l'agresseur. Son crime était de gêner quelqu'un (Désignant Miklos.) ...et celui qui se fait son complice.

SCÈNE VII

LES PRÉCÉDENTS, ANNA, accourant.

ANNA, jetant le fagot qu'elle portait.

Qu'est-ce ? On se battait ici. (Voyant Kosma étendu et se jetant sur lui.) Au secours ! au secours ! Ils me l'ont tué !
> La comtesse et elle soulèvent la tête ensanglantée de Kosma. Treszka la met sur ses genoux.

LE COMTE BOLDI, à Miklos.

Au large! Plus rien à faire...

Ils s'en vont tous deux.

SCÈNE VIII

LA COMTESSE TRESZKA, ANNA, KOSMA. inanimé,
LE HEIDUQUE.

ANNA.

Ah ! seigneur ! Mon fils, mon fils unique et bien-aimé, va
donc mourir, lui, si bon serviteur, de la main de ses
maîtres...

LA COMTESSE TRESZKA.

J'aurais un remords éternel si Kosma ne revenait pas de
ce guet-apens infâme !

ANNA.

Possible que vous soyez bonne, vous... mais ces misé-
rables... que la foudre tombe sur eux ! Ils sont des vôtres...
oui ! Et que feriez-vous si votre fille était là, toute sanglante,
à la place de Kosma ?

LA COMTESSE TRESZKA.

Tais-toi, tais-toi, malheureuse mère. Aidons-nous plutôt...
Tout n'est peut-être pas perdu. Voyons. (Elle examine Kosma et
lui met la main au cœur. — Avec joie.) Le cœur bat... la balle n'a
pas traversé la tête... Elle l'a sillonnée... Évanoui seulement.
(Au heiduque.) Vite au traîneau, rapporte la boîte de secours...

(Le heiduque court. A Anna.) Toi, de l'eau, des linges... dépêche-toi. (Anna se relève et se hâte vers la hutte en sanglotant.) De la neige... mon mouchoir... (Elle lave la tête de Kosma. Anna revient d'un côté et heiduque de l'autre avec la boîte. La comtesse l'ouvre, en tire un cordial qu'elle met aux lèvres de Kosma. Celui-ci fait un mouvement et exhale une plainte.) Rassure-toi. Rien n'est désespéré.

ANNA.

Tantôt je l'exhortais moi-même à tout braver pour vous... Et puis, le voir là... c'était trop ! Pardonnez à ma révolte !

LA COMTESSE TRESZKA, lavant la tête de Kosma et le pansant avec les linges.

Je jure d'arracher ton fils à la mort, ainsi que je l'ai fait autrefois pour toi-même.

ANNA.

Ah ! s'il m'était rendu !

LA COMTESSE TRESZKA.

Silence ! Ton agitation lui serait funeste. (Au heiduque.) Le traîneau, ici tout près. Nous le ramènerons doucement au château.

Anna lui baise les mains.

ACTE QUATRIÈME

Les grandes salles du château de Staraÿ, brillamment éclairées, se voient par les portes ouvertes au fond du petit salon de premier plan, garni de plantes et de fleurs. On entend un orchestre jouant des airs de danse.

SCÈNE PREMIÈRE

LA COMTESSE KATALIN STARAŸ, en robe de bal, poudrée, portant un domino ouvert et ayant un masque à la main. Elle fait les honneurs aux invités déjà arrivés ou arrivant successivement, OFFICIERS DE HUSSARDS, MAGNATS, en grand costume, FEMMES, en dominos. LA COMTESSE TRESZKA STARAŸ, est auprès d'elle, son masque également à la main, mais en domino fermé.

LA COMTESSE KATALIN, parlant à ceux qui l'entourent.

Vous ne trouverez à Staraÿ que des femmes pour vous recevoir. Mon fils Boldi me télégraphie qu'un devoir impérieux le retient à Vienne. Quant au comte Ivan Allhory, sa femme vient de m'annoncer que, sans avoir rien de grave, il est ce soir trop mal en train pour être des nôtres. Que ces malencontres ne vous empêchent pas, messieurs, de faire honneur à la fête donnée pour ma petite-fille.

UN DES MAGNATS.

Malgré nos regrets, nous nous empresserons de notre mieux, comtesse, pour faire notre cour à ces dames et les divertir.

LA COMTESSE KATALIN, à un officier.

Donnez-moi votre bras, colonel, et menez-moi s'il vous plaît, à travers les salles de danse. (Aux officiers.) Jeunes gens, prenez vos partenaires au hasard, car elles ne se démasqueront que pour le souper.

LE BARON DITRIK.

A ce moment-là, Messieurs, on compte sur votre galanterie, ne l'oubliez pas. Chacun sera tenu de pousser un cri de joyeuse surprise, quand même, raffolant des blondes, il sera tombé sur une brune!

Tous s'inclinent et gagnent au fond les salles de danse.— L'orchestre attaque la czarda nationale.— La comtesse Katalin, le colonel et la comtesse Treszka se rangent de côté, tandis que les danseurs, se faisant face deux à deux, viennent danser dans le petit salon, entrant par une porte et sortant par une autre. Ensuite le salon se vide et la comtesse Katalin et le colonel s'en vont les derniers.

SCÈNE II

LA COMTESSE TRESZKA, LE BARON DITRIK.

LE BARON DITRIK.

Je viens d'apprendre du neuf, par notre brave Kosma, qui veut déjà reprendre son service, l'animal! Enfin, j'ai hâte de vous prévenir, comtesse, que Miklos doit se glisser dans le bal sous un domino de femme. Cette fois encore, Lenka continue son double jeu de servir sa maîtresse et de nous avertir. Qu'ordonnez-vous? Allez-vous fermer les portes et faire démasquer le bal?

LA COMTESSE TRESZKA.

Non certes. Et le scandale?

LE BARON DITRIK.

Ah, bien! Alors, doit-on s'emparer de Miklos et le jeter dehors sans bruit, ou l'enfermer dans quelque souterrain où il ait le loisir de méditer sur ses crimes?

LA COMTESSE TRESZKA.

Pas davantage. Quel cerveau brûlé! Nos serviteurs dans la confidence? Laissez-moi, j'arriverai bien à pénétrer ses desseins...

LE BARON DITRIK.

En tout cas, ils ne seront pas secondés par le comte Staraÿ, ces jours-ci... Votre mari vient d'être blessé en duel...

LA COMTESSE TRESZKA, dédaigneusement.

La cause de ce duel, dont je me doute, me rend absolument indifférente à ses résultats. Mais devons-nous continuer à recevoir?

LE BARON DITRIK.

Sans inconvénient, l'aventure étant tenue secrète et la balle n'ayant qu'effleuré l'épaule de Boldi. Soyons sur nos gardes, Miklos est capable de tout. Enfin, s'il nous met en état de légitime défense?

LA COMTESSE TRESZKA.

Avec la complicité de ma fille? Pensez-vous à ce que vous dites? Je me refuse à le supposer, quoique le sang de son père se réveille en elle et qu'elle soit à peu près en révolte contre moi.

LE BARON DITRIK.

Non pas complice, mais, qui sait, dupe des mensonges de l'autre. Hâtons-nous de tout prévoir.

LA COMTESSE TRESZKA.

Ah! s'il fallait sauver mon enfant, je vous livre Miklos, à vous et à Kosma.

LE BARON DITRIK.

Bon! Soyez sûre que nous ne le manquerions pas. La nuit et l'effraction autorisent toutes les sévérités contre un malfaiteur. Dans l'ombre, aussi bien, tous les chats sont gris.

La comtesse remet son masque ; ils sortent en causant.

SCÈNE III

ETELKA et **MARINKA**, toutes deux en dominos roses, Etelka, une rose rouge sur le devant. Marinka une rose blanche.

ETELKA, se laissant tomber sur un canapé où Marinka s'assied à côté d'elle. Elles se démasquent.

Je n'aurai jamais la force d'aller jusqu'au bout. Sous le masque je puis encore cacher ma souffrance! Mais à souper?

MARINKA.

Tu fais, pour la première fois, une triste épreuve de la vie. Sois courageuse et fière! Vas-tu te laisser abattre comme une fille de rien?

ETELKA.

Chère Marinka, je crains que toutes les femmes ne se

ressemblent, quand elles aiment. Qu'ai-je à tant le regretter
pourtant, s'il m'oublie — et pour une autre, comme on me
le fait soupçonner? Pas un adieu, pas une lettre depuis son
départ! Il leur obéit bien facilement. C'est à croire qu'il
n'ose pas...

MARINKA.

Attends, avant de le juger. Il souffre peut-être autant
que toi.

ETELKA.

Un homme doit-il se contenter de souffrir, au lieu de
tenir tête à ses ennemis?

SCÈNE IV

Les Mêmes, LE COMTE MIKLOS, entrant avec LENKA,
vêtue d'un domino pareil au sien. Il observe les deux jeunes filles. Lenka s'est
retirée. Presque en même temps accourent DEUX JEUNES OFFI-
CIERS, qui abordent ces dernières bien vite remasquées.

PREMIER OFFICIER, à Marinka.

Je vous attrape, chère petite rose blanche. Vous m'aviez
promis cette valse?

DEUXIÈME OFFICIER, à Etelka.

Et vous, rose rouge, resterez-vous assise, quand le par-
quet lui-même bondit sous nos pas?

ETELKA.

De grâce, monsieur, je me sens très fatiguée. J'en appelle
à votre courtoisie.

DEUXIÈME OFFICIER, saluant.

Excusez ma poursuite indiscrète!

Il se retire.

ETELKA, à Marinka.

Va danser, mon amie, je t'en prie.

MARINKA.

Si tu le veux... je reviens aussitôt.

Elle sort au bras du premier officier.

SCÈNE V

ETELKA, LE COMTE MIKLOS.

LE COMTE MIKLOS, arrivant derrière Etelka et lui prenant la main.

Etelka!

Il se démasque.

ETELKA, d'abord saisie, puis avec joie.

C'est vous... enfin!

Elle se démasque aussi.

LE COMTE MIKLOS.

J'ai tant de choses à te dire! Car nous allons nous tutoyer comme autrefois, n'est-ce pas?

ETELKA.

Oh! ce ne sera plus la même chose, si tu m'aimes...

LE COMTE MIKLOS.

En doutes-tu, quand j'ai tout bravé pour te revoir?

ETELKA.

Oui, j'ai eu des doutes, et du chagrin en quelques jours,
pour toute une existence. Ah! cette femme, que je voyais
entre nous...

LE COMTE MIKLOS, regardant autour de lui.

Tais-toi, tais-toi, mon enfant! je t'en conjure, aie confiance en moi! J'ai dû courir à Vienne où j'étais le témoin
de ton père...

ETELKA.

Un duel? Mon père est-il blessé?

LE COMTE MIKLOS.

Presque pas, par bonheur. Il en sera quitte pour quelques
jours de soins. Ton père te chérit plus que tu ne l'imagines.
Il ne pensait qu'à toi en allant sur le terrain. Dès que j'ai
pu m'expliquer, il m'a promis ta main.

ETELKA.

Et ma mère?

LE COMTE MIKLOS.

Comment t'exposer mes projets, alors que d'un moment
à l'autre nous pouvons être surpris? Ma bien-aimée! tu dois
décider de notre sort en une seconde, si tu es la femme de
cœur et de résolution que je t'estime.

ETELKA.

Qu'attends-tu de moi?

LE COMTE MIKLOS.

Les nouvelles de ton père commencent à circuler. On se
séparera vite. Une heure après que les derniers traîneaux
seront partis, dès qu'il y aura moyen sans donner l'éveil,

6

entr'ouvre la fenêtre de ton balcon. J'aurai bientôt fait d'arriver jusqu'à toi...

ETELKA.

Moi, te recevoir en secret, sous le toit de ma mère?

LE COMTE MIKLOS.

Qu'y a-t-il de mal, contre tant d'injustice? Avec le consentement de ton père, ne suis-je pas ton fiancé? Ne seras-tu pas déjà sous la protection de celui qui te la devra plus tard et à tout jamais? Songe, pour te rassurer, que tu n'aurais qu'un cri d'alarme à pousser pour me perdre! Voici des gens qui s'approchent... Etelka, si tu refuses, je me ferai tuer, car j'aurai perdu toute foi dans ton amour...

ETELKA, arrachant la rose qu'elle porte au sein et la lui donnant.

Tu me la rendras chez moi!

Miklos la saisit en lui embrassant les mains, puis il remet son masque et rabat le capuchon de son domino. Etelka se remasque également.

SCÈNE VI

LES MÊMES, LA COMTESSE ILONA, entrant par la gauche en domino, avec une grosse touffe de myosotis au sein. Elle est suivie de Lenka. Par le fond, Marinka revient au bras de son officier, et s'avance vers la droite.

LA COMTESSE ILONA, à Lenka.

Il était dans ce salon?

LENKA.

Oui, votre Grâce. Le voici.

Elle se retire.

ETELKA, courant à Marinka.

Tu me prendras pour une bonne toquée, comme dit mon

père. Ça m'est égal! Le chagrin n'est pas de mon âge... Je te vole ton cavalier...

SCÈNE VII

LE COMTE MIKLOS, LA COMTESSE ILONA.

LA COMTESSE ILONA, se croisant les bras devant Miklos.

Lâche! vous vous croyez sûr que je ne puis, sans me briser le cœur, en arracher une indigne passion? Parce que je vous aimais au point de tromper honteusement le meilleur des maris, sans même l'excuse d'une illusion à votre égard?... Mais vous, est-ce bien pour votre maîtresse toute seule que vous vous risquez ici? Avec qui causiez-vous donc à l'instant?

LE COMTE MIKLOS.

Vous me feriez plaisir de me le dire...

LA COMTESSE ILONA.

Vous mentez abominablement!

SCÈNE VIII

Les Mêmes, LENKA.

LENKA.

On vous cherche, madame, prenez garde!

LA COMTESSE ILONA, à Miklos.

Cela nc se passera pas si facilement... je vous attends dans ce salon...

LE COMTE MIKLOS, à part.

Diable! elle pourrait tout gâter!

Il s'en va avec Lenka.

SCÈNE IX

LA COMTESSE ILONA, LA COMTESSE TRESZKA,
démasquée.

LA COMTESSE TRESZKA.

Ilona, vite! (Un heiduque paraît avec une pelisse de fourrure sur son bras.) Un messager arrive en hâte de Krasna-Horka. Ivan vient d'avoir une crise affreuse... j'ai fait avancer ton traîneau.

LA COMTESSE ILONA, se démasquant

Bah! qu'il attende! Ivan a ses nerfs, voilà tout...

LA COMTESSE TRESZKA

Tu resterais au bal tandis qu'il se meurt, peut-être? Ne vois-tu pas que les valets eux-mêmes sont au courant? Laisse là ton domino!.. (Elle le lui ôte presque malgré elle et lui met son manteau.) Cours à ton devoir. Une fois n'est pas coutume.

Elle pousse dehors Ilona qui sort furieuse.

SCÈNE X

LA COMTESSE TRESZKA, seule. Elle regarde le domino
d'Ilona resté sur un meuble.

Le même domino... (Elle arrache au domino d'Ilona le bouquet de
myosotis qu'elle plante à son corsage, jette le domino derrière un canapé.)
Quant au démon, il ne doit pas être loin !

Elle se masque et s'assied.

SCÈNE XI

LA COMTESSE TRESZKA, LE COMTE MIKLOS,
revenant et se démasquant, il va vers la Comtesse.

LE COMTE MIKLOS.

Nul ne pense à nous déranger. Ils sont aux tables du souper. Allons, ma chère, assez do jalousie! Tu veux me
bouder, c'est ridicule! (La comtesse se détourne en haussant les épaules.
Miklos en soupirant). Ah! si tu étais raisonnable, quelle charmante existence nous pourrions avoir! Je ne te reconnais
plus, toi, la fine fleur de l'intelligence et de la ruse! Tâche
de me comprendre tout de suite, je n'ai pas des heures pour
te prêcher. La situation est nette : à la merci de ta sœur,
que le diable emporte! Un mot d'elle à Ivan, nous sommes
perdus! Je ne peux plus me montrer à Krasna-Horka; quelques rendez-vous furtifs et bientôt éventés... Moi, sans plus
rien pour vivre! Seules ressources : me faire sauter la cer-

6.

velle... ou gagner l'Afrique et la Légion étrangère... Tandis qu'en devenant ton neveu, de cousin que j'étais, tout danger disparaît. Nous sommes libres de continuer nos amours.

Il s'agenouille près d'elle.

LA COMTESSE TRESZKA, *à voix basse, comme perdue d'émotion.*

S'il le faut... mais on ne te la donnera pas!

LE COMTE MIKLOS.

Je n'ai qu'à la prendre. Elle ne demande pas mieux... et j'ai le consentement de son père qui nous attend.

SCÈNE XII

LES MÊMES, *ici paraît* ETELKA *qui, reconnaissant Miklos et voyant ce qui se passe, s'arrête éperdue. Puis elle s'avance peu à peu en se dissimulant derrière les plantes vertes qui garnissent un des côtés du salon.*

LA COMTESSE TRESZKA, *à voix toujours déguisée.*

Presque un inceste!

LE COMTE MIKLOS, *à voix haute.*

Et quand même! C'est un mot, voilà tout! L'inceste n'est que dans le cœur, et pas dans une vaine formalité ni dans un devoir insignifiant. Ton Etelka, tu le sais aussi bien que moi, malgré les sentiments que parfois tu professes pour elle, c'est une petite sotte, une enfant gâtée qu'on amusera par des jouets, des diamants, des bals! Et toi tu seras plus que jamais ma reine, je ne vivrai que pour t'adorer! Crois-tu que l'homme qui a goûté tes divines caresses, qui a le souvenir de tant d'heures brûlantes et jamais rassasiées, serait assez fou, les lèvres encore enfiévrées de tes baisers, pour s'éprendre d'une ingénue, qui n'a même pas pour lui, mérite d'être une inconnue?

Il la prend dans ses bras. A ce moment on entend un cri étouffé dans de feuillage

LA COMTESSE TRESZKA, repoussant Miklos qui se relève et remet son masque.

On nous écoute...

LE COMTE MIKLOS, tout bas.

A demain dans le pavillon, au bout du parc!

Il s'éloigne et sort par la gauche.

SCÈNE XIII

LA COMTESSE TRESZKA, ETELKA.

La Comtesse voulant remonter par le fond voit Etelka démasquée se dresser devant elle; elle reste stupéfaite.

ETELKA.

La voilà cette rivale, qui, jusque chez moi vient poursuivre mon prétendu. Vous pouvez le garder, madame, pour ce qu'il vaut, et je vous plains... (Elle s'avance sur la comtesse Treszka qui se recule et porte la main à son masque pour l'ôter. Se méprenant et croyant que la comtesse veut se défendre, feignant alors le calme et le dédain.) Ne craignez rien! Je n'ai pas envie d'ôter votre masque pour voir le visage d'une personne de votre sorte. Allez! (La Comtesse sans défiance, après un moment d'hésitation baisse les mains et va pour s'éloigner. D'un rapide mouvement Etelka se jette sur elle et lui arrache son masque. Poussant un cri) Ah! ma mè... (Sur un ton d'horreur.) Oh! madame!

Elle se sauve par la droite en se cachant la figure dans ses mains. La Comtesse se ressaisissant tend les bras vers elle avec un appel rauque. Les invités reparaissent au fond, joyeux et riants, barrant la route. La Comtesse crispant ses mains cherche à se dominer.

ACTE CINQUIÈME

L'appartement d'Etelka. — Quelques moments après la scène précédente.

SCÈNE PREMIÈRE

ETELKA, regardant autour d'elle.

Ma belle demeure, mon cher paradis terrestre ! Bien longtemps j'ai cru qu'il communiquait avec l'autre, par les grandes allées où les rayons du soir faisaient resplendir la gloire de Dieu, où nos saintes voisines, que je prenais pour des anges, venaient en procession chanter leurs doux cantiques ! Maintenant c'est un enfer... La lumière du jour, quand elle pénétrera par ces fenêtres, sera maudite et me fera crier de désespoir... Me sentir déshonorée, souillée, moi qui n'ai rien fait... Ah ! (Elle désigne le portrait de sa mère sur un chevalet.) son portrait... Je le hais, je ne veux plus le voir ! (Elle le recouvre avec la draperie qui l'entourait.) Tout ce qu'elle m'a donné, quand j'y porte la main, me brûle ainsi qu'un fer rouge. Ces meubles, dont elle s'est défait pour moi, où elle se tenait jadis avec moi sur ses genoux, grimacent devant mes yeux, comme autant d'instruments de torture, car près d'elle aussi d'autres ont pu s'asseoir, et murmurer des mots comme ceux de tout à l'heure... Où s'égarent mes pensées ? Ma langue ne va-t-elle pas sécher dans ma gorge pour avoir dit tout cela ? Otez-moi la conscience, ô mon Dieu ! Faites de moi une brute, que je ne souffre plus ! Tout s'effondre, de ce qui était ma vie entière : Elle... et lui, ma religion filiale et mon amour...

On entend frapper à la porte.

UNE VOIX AU DEHORS.

Ouvre, c'est moi, ton amie...

Etelka tire le verrou.

SCÈNE II

ETELKA, MARINKA.

ETELKA, refermant le verrou et se jetant dans les bras de son amie en sanglotant.

Marinka, que je suis malheureuse !

MARINKA.

J'ai dû forcer ta porte. Es-tu malade ? Ta fantaisie t'aurait-elle reprise ? Allons ! Bientôt quelque autre bel amoureux...

ETELKA.

Un de ces hommes, de ces êtres monstrueux ?

MARINKA.

Eh bien, auprès de ta mère...

ETELKA.

Quelle protection parfois qu'une mère!... Tu ne sais pas
qu'il peut y avoir des femmes atroces pour usurper ce nom?
Quel rôle ont alors les enfants? Il leur est défendu de juger...
Mais pourquoi leur est-il donné de surprendre? Ah! les
hypocrites, les hypocrites, voleuses de respect et d'amour!

MARINKA, s'écartant d'elle.

Est-ce toi qui blasphèmes ainsi? Toi qui as en partage la
mère adorable que nous t'envions toutes... Y penses-tu?
Quel drame veux-tu laisser soupçonner? Je n'oserai plus
t'aimer...

ETELKA, fondant encore en larmes, puis se reprenant tout à coup de façon
surhumaine et se forçant à sourire.

Oublie, oublie tout cela... Aussi la faute en est à Elle, qui
me chérit trop, qui me rendait jusqu'ici la vie trop facile
et trop belle... Voilà où j'en arrive... à la première fois
qu'elle me contrarie. Oh! tu peux me gronder, je le mérite...
Suis-je nerveuse, absurde! (Elle entraîne son amie sur le canapé.)
Et puis, figure-toi... Ne pouvant reposer tout de suite... tu
te rappelles que la bibliothèque m'est ouverte sous la garde
de ma bonne foi, j'étais tombée sur un livre tellement
cruel... tu vois dans quel état il m'avait mise!...

MARINKA, hésitant et l'interrogeant des yeux.

Grâce à un livre... à un mauvais livre que tu avais à
peine le temps d'ouvrir? Quand tu n'as qu'à regarder autour
de toi pour dissiper ces fantômes?

ETELKA.

Justement, le contraste était trop grand, j'ai eu peur...
C'est comme un voile qui s'est déchiré... j'ai vu tout à coup
le monde affreux, vil, menteur, tel qu'il doit être... hors

de chez nous... Car tu as raison, ai-je besoin de te le dire ?
Oui, je suis fortunée... oui, j'ai une mère adorable, au-dessus
de l'humanité, pour qui les autres que moi n'existent pas,
qui n'a même pas assez de coquetterie pour une femme de
son rang... (Avec une amertume qu'elle ne peut dissimuler.) Elle a sans
doute un motif très grave pour s'opposer à mon inclination,
c'est clair. (S'efforçant de rire et le faisant à faux.) Ah !... la folle
du logis s'en est donné à cœur joie... Le diable s'est vengé
de mon bonheur en m'envoyant des visions ridicules...

MARINKA, l'embrassant.

Ouf ! je reviens de loin... (Elle rit aussi.) Moi qui, t'esti-
mant toute consolée, sur la foi, voulais te parler du bal, de
mes aventures, et puis me concerter avec toi pour nos
toilettes du grand dîner de demain... On tient absolument
à nous garder... Mais tu m'as tellement suffoquée...

ETELKA, la choyant encore et gaiement.

Quelle sotte je fais... quel accès de démence ! oh ! c'est
bien fini maintenant. Promets-moi de ne pas me taquiner
devant les autres... J'en mourrais de honte.

MARINKA.

Compte sur ma discrétion, chère amie, pourvu que je
sois toujours la confidente de ce qui peut te troubler. Je te
raisonnerai, ayant la chance de ne pas être douée de ton
imagination, qui m'enchante souvent, mais dont, pour le
quart d'heure, je regrette moins l'absence.

ETELKA, ironiquement.

Mon imagination !

MARINKA.

Employons-la bien... Si tu mettais, toi, ta fameuse robe
couleur d'aurore, comme tu l'appelles, avec une ceinture

plus sombre, pour y mêler un rappel de mélancolies nocturnes?

ETELKA.

Oui... certainement...

MARINKA.

Et ma petite personne tout en blanc uni... sauf quelques modestes rubans bleus... Messieurs les officiers seraient à même de choisir entre la poétique apparition et la tranquille ménagère... Voyons, es-tu tout à fait remise?... Il me semble que tu gardes encore un air effaré...

ETELKA,

Non, je t'assure... Beaucoup de fatigue, seulement. Je tombe de sommeil. Au fait, ce matin, je pourrais avoir recours à notre savant abbé...

MARINKA, riant.

Consulte-le surtout pour ton moral. Je reviendrai dès que tu seras éveillée. Embrasse-moi, méchante. Je vais rassurer tout le monde avant de nous coucher.

Elle sort.

SCÈNE III

ETELKA seule.

Elle va d'abord pousser le verrou de la porte par laquelle est sortie Marinka.

Enfin!... Et demain, et chaque jour, il me faudrait mentir ainsi... Ce serait intolérable!.. Ah! je me souviens..: ces gants, ce mouchoir que je l'avais surpris dévorant de baisers... Et je m'étais laissée duper!... (Elle se laisse tomber sur une chaise devant sa table. Regardant machinalement un livre qui y est entr'ouvert.) Le voici, ce livre dont je m'étais emparée l'autre jour... Hamlet, c'est toi, mon frère! Quel pressentiment me poussait à questionner sans cesse la pâle figure, que je ne parvenais pas à comprendre? Je sais à présent!.. l'épouvante des hideuses révélations! Du moins ton Ophélie était pure, et mon fiancé à moi est le complice du crime!.. Oh! la mort! la mort!.. Si mon martyre ne me conduit pas à elle, tordant mes nerfs, arrêtant le cours de mon sang, me frappant au cœur et à la tête..., j'irai l'étreindre et la forcer à m'achever! (Réfléchissant.) C'est facile!.. (Allant à la fenêtre comme pour l'ouvrir et se jeter, puis reculant.) se briser.., et ne pas se détruire peut-être! (Tout à coup.) Ah! j'ai trouvé!.. N'ai-je pas encore là... ce qu'on m'avait chargé de remettre au garde... (Elle court à un bahut d'où elle retire une boîte enveloppée qu'elle dépouille et lit : « Contre les bêtes fauves!.. » (Souriant tristement) Ou pour les désespérés! (Fiévreusement elle prépare un verre d'eau et y verse le contenu de la boîte, qu'elle jette ensuite sur la table. Le cartel sonne au mur deux heures. Elle tressaille.) Ils ont tous à présent regagné leurs appartements... Et lui, dont ma pitié stupide avait exaucé la prière.., il sera là, tout à l'heure..., il osera venir à moi... Qu'il arrive donc, et qu'il contemple son œuvre... Cela les séparera, j'espère!... (Elle va entr'ouvrir la fenêtre sur le balcon et place une bougie allumée sur un guéridon à côté. Elle revient à la table.) J'ai hâte de m'enfuir loin d'elle! Mes regards l'insulteraient, et les siens... Ah! vite!.. (Elle prend le verre et le repose.) Mais que dira-t-on? Il faut qu'on ne soupçonne pas... Le secret abominable doit dormir avec moi... (Elle prend une feuille de papier et écrit, puis laisse la feuille en évidence sur la table; elle se lève, passant la main sur son front et va à son prie-Dieu.) M'est-il permis encore d'implorer ma grâce là-haut..., si l'on ne m'a pas menti pour cela comme pour le reste..., si les cieux ne sont pas vides? (Elle se jette à genoux et presque aussitôt se lève à demi, en pleurant.) Je ne peux pas! je ne peux pas! Comment croire en Dieu quand on ne croit plus en sa mère?

Elle retombe pâmée sur le prie-Dieu.

7

SCÈNE IV

ETELKA, LA COMTESSE TRESZKA, entrant à pas lents par une porte d'intérieur. Elle voit sa fille prosternée, son portrait voilé, s'approche de la table, regarde le verre et prend la boîte qu'elle rejette avec terreur, puis saisit la lettre qu'elle lit hâtivement à demi-voix.

LA COMTESSE TRESZKA, lisant.

« Ma mère, je suis la proie d'un mal étrange, dont je suis sûre de ne pas guérir. Pardonne-moi le chagrin que je vais te faire. Il vaut mieux pour nous deux, qui nous aimons tant, ne pas nous imposer le supplice d'une interminable agonie. » (Elle laisse tomber la lettre.) J'arrive à temps! (Avec effroi.) A temps?.. Mais du moment qu'elle en est là! Quelles preuves à lui donner, quand mon dévouement incessant, quand toute une existence passée minute par minute auprès de ma fille n'ont pas su me rendre inviolable à ses yeux, et malgré ses yeux? Ah! comment tout à l'heure être restée glacée par la surprise et muette devant elle? Elle ne voudra plus maintenant... ou peut-être feindra-t-elle de se rendre... et quand je ne serai plus à ses côtés... A tout moment la crainte de quelque sinistre appel.. .Allons, je rêve! Ma présence et ma voix retrouveront immédiatement leur autorité sacrée...

A ce moment Etelka s'est relevée brusquement et marche à pas raides, comme inconsciente, vers la table. Elle se heurte à sa mère et recule avec horreur.

ETELKA.

Vous!

LA COMTESSE TRESZKA.

Est-il possible que le jour soit venu où tu méconnaîtrais une mère comme la tienne?

ÉTELKA, violente.

Allez-vous-en ! Je n'arrêterais plus les mots qui veulent m'échapper !..

LA COMTESSE TRESZKA.

Écoute un seul instant !..

ETELKA.

Ne sentez-vous pas que je ne vous croirai plus !.. Sortez, ou je me précipite par la fenêtre...

LA COMTESSE TRESZKA, se jetant devant elle et joignant les mains.

Mais il n'y a rien dans tout cela ! Mon enfant, ma chère enfant : cette infernale erreur, d'un mot, je vais la dissiper... Au nom de mon amour...

ETELKA, égarée.

Vous parlez d'*amour*... Ah ! fi donc ! Ce mot-là même est de trop... C'est affreux ce que vous m'imposez !

LA COMTESSE TRESZKA.

Je t'en supplie, ma fille...

ETELKA, marchant à sa mère qu'elle fait reculer.

Vous n'avez plus de fille ! Vous n'avez devant vous qu'une statue, sourde à vos mensonges, inerte, insensée... (Comme frappée subitement.) Ah ! ma tête !... Des flammes, des flammes qui se jettent sur moi, qui m'étouffent !

Elle va s'abîmer au pied de son prie-Dieu, couvrant son front de ses mains.

LA COMTESSE TRESZKA, se tordant les mains.

Va-t-elle perdre la raison ? Alors c'est fini... La malheureuse, elle me tue... Qu'ai-je dit ? Eh ! bien oui, pourquoi pas moi, au lieu d'elle, au besoin, après cette flétrissure et ces soupçons qui me déchirent jusqu'au fond des entrailles? Me voici plus tranquille à l'idée que me seraient épargnées les tortures d'une mère devant le mépris, l'âme démente, ou le corps inanimé de son enfant! En cet horrible danger, me jeter au monstre qui veut la dévorer, serait-ce un suicide? Je n'aurais pas, ô Christ, à te demander ton absolution, car Marie eût bu ton calice s'il lui avait été donné de le faire! Mais par quel magnétisme la forcer à voir du moins la vérité qui sortirait de mon immolation? (Elle va se pencher sur Etelka, lui crie son nom.) Etelka! Etelka!

Puis la soulève et l'entraîne jusqu'à la table.

ETELKA, hagarde, la considère en démence.

Qui êtes-vous, qui vous emparez de moi?... Mon mauvais ange... (Riant follement.) Me voici, mon dernier compagnon... Partons ensemble pour où tu voudras...

LA COMTESSE TRESZKA, épouvantée, à part.

Grand Dieu, c'est bien la folie... Je n'ai plus qu'à tenter... (La secouant par l'épaule.) Reviens à toi!... J'ai tout vu, j'ai tout lu..., c'est irrévocable, n'est-ce pas? (Silence d'Etelka qui se débat. La comtesse levant une main.) Je te bénis malgré tout ma fille! (Etelka se détourne instinctivement comme pour échapper à la bénédiction. Ah! j'en ai le droit! (Elle insiste en lui montrant de force le verre qu'elle a pris en main.) Ce poison, préparé pour toi, regarde! Etelka reste insensible. La comtesse pose lentement le verre à sa bouche en le fixant.

Au moment où la Comtesse va boire, on entend deux coups de feu du dehors, en même temps que le bruit d'une escalade. Etelka secouée par un soudain frémissement étend le bras vers la fenêtre et du mouvement fait tomber le verre tenu par la comtesse.

ETELKA.

Lui! Miklos!

LA COMTESSE TRESZKA, ressaisissant fortement Etelka et la jetant
derrière elle sur le canapé.

Tais-toi! C'est à moi de le recevoir...

SCÈNE V

LES MÊMES, MIKLOS, bondissant tout poudré de neige, sur le balcon et refermant la fenêtre en poussant les rideaux.

MIKLOS.

Ah! les coquins! Heureusement les tourbillons de neige les aveuglaient. Ils vont me poursuivre. (Tout en regardant au dehors par la fente des rideaux il appelle derrière lui de la main.) Viens à moi, mon Ételka! (Se retournant sans bien distinguer la Comtesse.) Oseront-ils me tuer dans tes... (Reconnaissant Treszka dressée devant lui.) Ah! la Comtesse!

LA COMTESSE TRESZKA.

Misérable! Ce n'est pas moi que vous vous attendiez à trouver ici?

MIKLOS, prenant sur lui.

Eh bien, vous le saviez, que j'adore votre fille, et vous savez maintenant qu'elle m'avait donné rendez-vous. Grâce à la parole du comte, je suis son fiancé. Joignez-y la vôtre... le manque d'étiquette sera réparé.

LA COMTESSE TRESZKA,

Oui-dà, Miklos, c'est bientôt dit. Et vous n'avez vraiment pas de chance, à me rencontrer partout sur vos pas. N'avez-vous pas consulté ma sœur, tantôt au bal, sur ce projet de mariage?

MIKLOS.

De quoi se mêlerait-elle? Qu'aurait-elle pu vous en dire?

LA COMTESSE TRESZKA.

Mon Dieu, rien de bon, je pense, en admettant qu'elle fût tout à fait éclairée sur votre infâme complot. Ainsi c'est à la comtesse Ilona que tout à l'heure, dans le petit salon, vous expliquiez comment, tout en vous mariant, vous pourriez continuer avec elle le charmant commerce de vos amours adultères?

Pendant ce temps, Etelka, redevenue consciente, écoute palpitante.

MIKLOS.

Ah! traîtresse, c'est donc vous qui nous écoutiez, cachée derrière les feuillages?

LA COMTESSE TRESZKA.

Non. Ilona était partie. Sans vous en douter, c'est à mes propres genoux que vous contiez toutes ces horreurs, ce sont mes mains indignées que vous pressiez... (Découvrant Etelka.) et voici la personne qui nous écoutait...

Etelka se lève méprisante et hautaine.

MIKLOS, d'abord stupéfié, puis avec un cri de rage.

Ah! je suis joué... Eh bien, tant pis!.. On ne me tient pas encore. Adieu!

Il se dirige vers la porte que la Comtesse lui barre en se mettant devant lui.

LA COMTESSE TRESZKA.

Pas à travers le château, s'il vous plaît! Incendiaire et voleur, nous savons déjà de quoi vous êtes capable en chemin...

MIKLOS.

Allons, place! Ce n'est pas une femme qui m'arrêtera...

Tandis qu'il avance, Etelka court près de sa mère. Au même instant, la fenêtre s'écarte violemment et paraissent le Baron Ditrik et Kosma, le front couvert d'un linge sanglant, tous deux fusil en main.

SCÈNE VI

Les Mêmes, DITRIK, KOSMA.

DITRIK.

Ah! Ah! mon drôle, enchanté de te revoir à mon aise! On avait beau t'appeler. (Il frappe sur son fusil.) tu ne voulais prêter l'oreille à rien...

MIKLOS, à la comtesse Treszka,

Allez-vous froidement achever de faire assassiner chez vous un Fervar?

LA COMTESSE TRESZKA, dédaigneusement

Il est bien tard pour vous souvenir du nom que vous portez!

MIKLOS, tout en regardant autour de lui sournoisement, et s'inclinant profondément.

Laissez-moi libre... Ce nom, je jure d'aller assez loin pour lui rendre l'honneur!

DITRIK.

Tu aurais beau le promener sur tous les océans...

MIKLOS.

Nous verrons bien...

Il s'élance comme un trait vers la fenêtre et disparaît.

KOSMA, se précipitant à sa suite.

Ah brigand!

LA COMTESSE TRESZKA, *arrêtant Kosma du geste.*

Laisse-le fuir... Il n'est plus à craindre!

SCÈNE VII

LES MÊMES, *moins* MIKLOS.

ETELKA, *serrant la comtesse Treszka dans ses bras.*

Mère! mère!

LA COMTESSE TRESZKA.

Il est donc revenu sur tes lèvres, ce nom que tu m'avais donné pendant dix-sept ans!

ETELKA.

Pardonne!

LA COMTESSE TRESZKA,

Est-ce qu'on pardonne à sa fille? On l'aime...

FIN

IMPRIMERIE CHAIX, RUE BERGÈRE, 20, PARIS. — 23316-11-09. — (Encre Lorilleux).

www.ingramcontent.com/pod-product-compliance
Lightning Source LLC
LaVergne TN
LVHW021853170726
843503LV00003B/1211